Herderbücherei

Band 1076

Über das Buch

Seit Bruno Bettelheims Buch „Kinder brauchen Märchen" ist der Streit, ob Märchen für die Erziehung nützlich oder schädlich seien, wohl endgültig entschieden. Aber welches Märchen zu welchem Lebensalter paßt, was in der seelischen Entwicklung es bewirken kann, wie es zu deuten ist – darüber sind sich viele Eltern und Erzieher noch im unklaren. Dieses Taschenbuch bietet darum die notwendige Information aus tiefenpsychologischer Sicht. Denn wer die Funktion der Märchen im Leben der Kinder verstehen will, muß sie als „Urbilder der Seele" verstehen. In ihnen spielt das Kind seine Lebenskonflikte durch, es erträumt Lösungen und Auswege. Es wird dem Bösen in Gestalt der Stiefmutter, der Hexe, des Wolfes und sonstiger Märchenungeheuer begegnen und dadurch zunächst seine Angst kennenlernen. Dies ist aber der erste Schritt, mit der Angst sinnvoll umzugehen und sie überwinden zu lernen. Zu den beliebtesten Märchen der Brüder Grimm werden Deutungen angeboten, und zwar nach Altersstufen geordnet, so daß das jeweilige „Thema" einer bestimmten kindlichen Entwicklungsphase in einer fruchtbaren Beziehung zu Inhalt und „Thema" eines bestimmten Märchens steht.

Über die Autorin

Marzella Schäfer, Jahrgang 1954. Intensive Beschäftigung mit Phantasie und Realität in Kinder- und Jugendliteratur schon während des Studiums. Promotion über „Die böse Frau im Märchen" (noch nicht abgeschlossen). Freiberufliche Tätigkeit als Rundfunk-Autorin und Co-Leiterin von Märchenspiel-Seminaren der Ev. Akademie in Saarbrücken. Mitglied der Europäischen Märchengesellschaft e. V., Mutter zweier Kinder (fünf und zwei Jahre alt).

Marzella Schäfer

Märchen lösen Lebenskrisen

Tiefenpsychologische Zugänge zur Märchenwelt für Eltern und Erzieher

Herderbücherei

Originalausgabe
erstmals veröffentlicht als Herder-Taschenbuch

Umschlagbild: Koloriert von Alfred Kutschera

Das Taschenbuch geht auf eine Sendereihe
der Autorin im Saarländischen Rundfunk zurück.

Herder Freiburg · Basel · Wien
Herstellung: Freiburger Graphische Betriebe 1983
ISBN 3-451-08076-1

MEINEN ELTERN UND WERNER,
OHNE DIE DIESES BÜCHLEIN
NIE ENTSTANDEN WÄRE

„... Endlich träumte er einmal des Nachts, er fände eine blutrote Blume, in deren Mitte eine schöne große Perle war. Die Blume brach er ab, ging damit zum Schlosse: alles was er mit der Blume berührte, ward von der Zauberei frei; auch träumte er, er hätte seine Jorinde dadurch wiederbekommen. Des Morgens, als er erwachte, fing er an, durch Berg und Tal zu suchen, ob er eine solche Blume fände ...“

„Jorinde und Joringel“
Brüder Grimm. Kinder- und Hausmärchen

Inhalt

Einleitung

Hänsel und Gretel, Rotkäppchen und das tapfere Schneiderlein gehören immer noch zu den ersten literarischen Figuren, denen unsere Kinder begegnen. Sie verfolgen das Schicksal dieser Märchenhelden mit großer Anteilnahme, zittern mit ihnen vor der Hexe, dem bösen Wolf und den Riesen – und hoffen sehnlichst auf das gute Ende. Gott sei Dank geht es tatsächlich immer gut aus, und die Kinder sind sehr erleichtert. Dieser Vorgang wiederholt sich jedesmal, selbst wenn sie das Märchen ganz genau kennen und schon wissen, wie es weitergeht: die Hexe wird verbrannt, und Hänsel und Gretel kehren glücklich nach Hause zurück, Rotkäppchen verläßt den Wolfsbauch wieder so gesund und munter wie ehedem, und das tapfere Schneiderlein bekommt nicht nur die Königskrone, sondern behält sie auch – allen Widerständen zum Trotz. Immer aber ist die Freude wieder riesengroß. Das Lieblingsmärchen kann gar nicht oft genug erzählt werden (am besten im gleichen Wortlaut) – bis eines Tages ein anderes Märchen zum schönsten und liebsten erklärt wird, das man jeden Abend hören will. Alles fängt wieder von vorne an: Zwar hat das Aschenputtel dem Rotkäppchen jetzt den Rang abgelaufen, doch die Liebe ist genau so heftig.

Kürzlich sagte mir jedoch eine Freundin, Mutter zweier Kinder: „Unser Georg will gar keine Märchen hören, die sind ihm zu grausam, und ich muß sagen, daß ich ihn verstehe: was da so alles passiert ...!“ Nun, tatsächlich wirkt ja so mancher Fernsehkrimi gegenüber den geplanten oder begangenen Verbrechen im Märchen geradezu harmlos: von Kindesaussetzung (Hänsel und Gretel), Mordabsichten (Schneewittchen), tödlichen Racheplänen (Das tapfere Schneiderlein), Freiheitsberaubung, Kinderhandel (Rumpelstilzchen) und anderen Ungeheuerlichkeiten ist da die Rede – wahrlich keine Lektüre für Kinder, meinte meine Freundin. Sie schloß sich damit denjenigen Kritikern an, die dem Märchen eine Überspannung der kindlichen Phantasie vorwerfen. Diese überzogenen, blutrünstigen Darstellungen könnten von den Kindern nicht verkraftet und sinnvoll verarbeitet werden. Märchen verwirrten die Kinder nur. Besser sei es, dem Kind zu helfen, durch Stärkung seiner Verstandeskräfte Ordnung in seiner unausgereiften Gefühlswelt zu schaffen. Das Märchen dagegen verleite zur Flucht, zum Ausweichen vor den alltäglichen Erfordernissen. Es belaste die Kinder einerseits durch die Schilderung des Bösen, entführe sie andererseits aber auch in eine Welt des schönen Scheins, wo den Kindern vorgegaukelt werde, Prinzen und Prinzessinnen zu sein, die alles haben können, was ihr Herz begehrt, und wunschlos glücklich sind.

Der an das Märchen gerichtete Vorwurf, es hindere die Kinder, die Welt so zu sehen, wie sie ist, hat eine lange Tradition: Schon im achtzehnten Jahrhundert kämpfte die Aufklärungsbewegung gegen die abergläubische Vorstellungswelt, die den Märchen angeblich innewohnen soll. Meine Freundin drückte ihre diesbezüglichen Vorbehalte so aus: Durch die im Märchen vermittelten Vorstellungen und Erwartungen sei für die Kinder früher oder später ein „Realitätsschock" unvermeidlich. Nur im Märchen würden Müllerstöchter und Schneidermeister zu Königen und Königinnen. Wer aber auf solche Glücksfälle sein Leben ausrichte, müsse zwangsläufig scheitern, sich aber zumindest größere Schwierigkeiten an Land ziehen. Den Kindern würde ein völlig falsches Weltbild geboten – man denke nur an die Formel, mit der so viele Märchen enden: „... und sie lebten glücklich zusammen bis an ihr

Lebensende.“ Die Hochzeit zum guten Schluß löse im Märchen immer alle Probleme, aber in Wirklichkeit fingen sie ja jetzt erst richtig an, man brauche sich ja nur mal die hohen Scheidungsraten anzusehen.

Das Welt- und Menschenbild, das die Märchen vermitteln, hat nichts mit der „äußeren“ Realität unserer heutigen Gesellschaft zu tun. Es kann und soll nicht seine Aufgabe sein, aktuelle politische und soziale Lebensverhältnisse abzubilden. Märchen erzählte man sich schon, lange bevor es diese unsere Gesellschaft mit ihren speziellen Bedingungen gab. Trotzdem spiegelt das Märchen die Realität – zwar nicht die sinnlich wahrnehmbare, die äußere, wohl aber die innere Realität des Menschen. Es ist ein Zauberspiegel der Seele. Dies will ich im folgenden veranschaulichen.

Die meisten Kinder lieben die alten Volksmärchen heiß und innig – bis auf den kleinen Georg und vielleicht noch das eine oder andere Kind, das auch keinen rechten Zugang zu ihnen findet. Warum ist das so? Warum kann es keinen Spaß daran haben, mit den Märchenhelden allerlei Abenteuer zu bestehen und gefährliche Situationen zu durchleben? Denn eigentlich weiß es ja, daß alles immer gut ausgeht. Was also hindert es daran, sich eins mit der Gestalt und ihrem Schicksal zu fühlen?

Ich behaupte, daß die Märchen symbolisch Lebenskrisen in einfachster Form durchspielen. Ich werde diese Behauptung in den nachfolgenden Kapiteln anhand einiger bekannter Märchen aus der Sammlung der Brüder Grimm verdeutlichen und belegen. Ich habe die Märchen so ausgesucht, daß sie einer ansteigenden Entwicklungslinie folgen (von „Hänsel und Gretel“ als dem „jüngsten“ Märchen bis zu „Brüderchen und Schwesterchen“ als dem „ältesten“ Märchen). Bei der Aufstellung einer solchen Entwicklungsreihe müssen wir aber eines unbedingt beachten: Die einzelnen Märchen weisen ein unterschiedliches „Problemspektrum“ auf, führen uns also zum Beispiel eine Folge von notwendigen Reifungsschritten vor

Augen – wie in „Brüderchen und Schwesterchen“ – sind also sehr umfassend oder leuchten einen ganz bestimmten thematischen Bereich aus – wie in „Hänsel und Gretel“ die Schwierigkeiten bei der frühkindlichen Ablösung von der Mutter.

Die Zuordnung einzelner Märchen zu bestimmten Alters- und Entwicklungsstufen baut auf der Überlegung auf, daß sowohl jedes Märchen als auch jeder kindliche Lebensabschnitt ein „Hauptthema“ haben, dessen Problemkreis jeweils im Mittelpunkt steht. Aber natürlich ist diese Reihenfolge nur theoretisch gültig und kann von jedem Kind wieder umgestoßen werden, das eben – um ein Beispiel zu nennen – erst mit zwölf Jahren seine Vorliebe für „Hänsel und Gretel“ entdeckt. Deshalb ist weder an dem Kind noch an dem Märchen etwas falsch, sondern jeder Mensch, ob groß oder klein liest sich – und das ist das Entscheidende! – aus dem Märchen das heraus, was er gerade braucht, was ihn berührt. Ein bestimmtes Märchen mit einer bestimmten Altersgruppe in Verbindung zu bringen, ist ein naheliegender und fruchtbarer Gedanke, aber in der Praxis darf daraus keine Regel werden, was man wann gernzuhaben hat.

Jeder Mensch erlebt im Laufe seines Lebens etliche Krisen, auch das Kind. Jeder Entwicklungsschritt ist mit einem krisenhaften Prozeß verbunden, und zum Aufbau einer eigenständigen Persönlichkeit sind viele solcher Entwicklungsschritte notwendig. Die Reifung der Ich-Identität verläuft keineswegs so harmonisch, wie manche glorifizierenden Kindheitserinnerungen uns weismachen wollen. Weil nun aber die Märchen in verschlüsselter Form solche Krisensituationen darstellen, erzeugen sie natürlich auch Angst, denn indem sie uns „bewegen“, drohen sie auch immer unser mühsam hergestelltes inneres Gleichgewicht ins Wanken zu bringen. Niemand mag gern auf die Labilität seiner scheinbar so geordneten Verhältnisse hingewiesen werden, die Großen nicht und nicht die Kleinen.

Gerade weil die Märchenbegegnung schwierig für das Kind werden kann, ist es wichtig, es nicht damit alleinzulassen. Wir, die Erzieher und Eltern, sollten dem Kind unsere Begleitung für das „Abenteuer Märchen" anbieten: in einer Atmosphäre der Geborgenheit ist die Begegnung mit dem Bösen leichter zu ertragen. Die Kinder lieben es, mit uns in die geheimnisvolle Märchenwelt einzutreten – aber wir sollten immer ihnen die Führung überlassen. Das Beste, was wir tun können, ist, das Kind und das Märchen vorbehaltlos anzunehmen. Wenn die Eltern selber voller Skepsis gegenüber den Geschichten sind, die sie da erzählen, muß das für das Kind bedeuten, daß auch die im Märchen-Drama dargestellten Konfliktsituationen nicht akzeptiert werden. Daher darf es sich auch nicht mit dem Schicksal der Märchenhelden identifizieren, wenn es die Zuneigung seiner Eltern nicht aufs Spiel setzen will. Also geht es dieser schwierigen Situation aus dem Weg und verzichtet „freiwillig" auf Märchen. Es mag sie nicht leiden: sie sind ihm „zu grausam".

Dabei wird hieran nur deutlich, welche Probleme dieses Kind mit seinem aggressiven Potential haben muß, wenn es sich noch nicht einmal erlauben kann, in einer so märchenhaften Geschichte damit konfrontiert zu werden. Sein Vertrauen in die eigene Fähigkeit, die aggressiven Gefühle unter Kontrolle halten zu können, muß sehr gering sein. Indem Eltern diese abwehrende Haltung noch unterstützen („Unser Georg mag keine Märchen, sie sind ihm zu grausam, und ich finde auch, daß sie zu blutrünstig sind …"), wird deutlich, daß auch ihre Möglichkeiten im Umgang mit ihren eigenen aggressiven Potentialen ziemlich eingeschränkt sind. In diesem Fall sollten zuallererst die Eltern mit sich ins reine kommen. Unter keinen Umständen sollte in einer solchen Situation das Kind zum Märchen gedrängt werden – wenn die Haltung der Eltern sich ändert, wird es auch die des Kindes tun. Haben die Eltern erkannt, daß die Verdrängung unangenehmer Dinge die Problematik zwar zeitweise unsichtbar machen, jedoch nicht aus der Welt schaffen kann, ist der Weg für einen „gerechten" Umgang damit und mit den damit verbundenen Gefühlen (und dadurch auch zum Märchen) wieder frei.

Gerade in der Projektion seiner für es schwierigen Empfindungen auf die Figuren und Ereignisse der Märchenwelt kann das Kind dieser Gefühle mächtig werden, darf es sie ungestraft erleben und wird dadurch mit ihnen umgehen lernen. Sie haben Gestalt gewonnen, ohne es in seinem direkten Lebensumfeld zu bedrohen. Die Märchen bieten dem Kind einen „phantastischen" Spiel- und Freiraum, um mit seinen eigenen Gefühlen Freundschaft zu schließen.

So passieren ja die Ungeheuerlichkeiten, von denen in den Märchen die Rede ist, bei jedermann Tag für Tag: zwar nicht in realen Handlungen, wohl aber in realen Gefühlen. Deshalb kann der oft gegen das Märchen erhobene Vorwurf, es bewege sich fernab jeder Realität, nicht treffen. Wenn nun täglich in den verborgenen und unzugänglichen Winkeln der kindlichen Seele Mord- und Rachepläne geschmiedet werden, so bleibt das doch fast immer unbewußt. Es ist für das Kind gefährlich, den aus Enttäuschung geborenen Haß und die Wut auf die Eltern ins Bewußtsein kommen zu lassen, die Furcht, dadurch ihre Liebe zu verlieren, ist viel zu groß; denn die Unterscheidung zwischen „tun" und „denken" fällt Kindern noch sehr schwer. „Etwas Böses denken" ist für sie schon „etwas Böses tun". Selbst für Erwachsene ist es oft nicht einfach, bestimmte Gedanken zuzulassen.

Im übrigen ist es keinesfalls wünschenswert, daß den Kindern diese Zusammenhänge bewußt (gemacht) werden. Die Last dieser Erkenntnis wäre viel zu schwer für ihre kleinen Schultern. Sie können und sollen die Urgründe und Paradoxien der menschlichen Existenz nicht verstandesmäßig erfassen. Dennoch müssen sie natürlich damit leben, und es ist gut, daß es Hilfe gibt. Die alten

Volksmärchen helfen dabei, mit dem „Bösen" im Leben fertig zu werden.

Früher, lange bevor es Fernsehen und Rundfunk gab, zu einer Zeit, da nur wenige Menschen lesen und schreiben konnten, erzählte man sich am Abend allerlei Geschichten. Damals fand ein Erzähler keineswegs nur kindliche Zuhörer – auch die Erwachsenen ließen sich von ihm gern in märchenhafte Welten entführen. Ein guter Märchenerzähler genoß hohes Ansehen. Die Märchen wurden von Generation zu Generation weitergegeben und den Lebensverhältnissen angepaßt. Es wurde Neues dazu erfunden und Altes weggelassen. In den zentralen Motiven sind wichtige menschliche Anliegen gestaltet. „Nur wenn ein Märchen das bewußte und unbewußte Verlangen vieler Menschen enthielt, wurde es immer wieder erzählt und mit großem Interesse aufgenommen." [1]

In den Märchen sind geheime Ängste und Wünsche enthalten. Und gerade die dem Verstand des Menschen verborgenen Botschaften des Märchens sicherten seine Überlieferung. Ich wage daher zu behaupten, daß die Märchen nicht zusätzlich Angst machen, sondern genau das Gegenteil erreichen: Indem sie die kindlichen Ängste an sich binden, konkret machen, erleichtern sie den Umgang mit den Gefühlen von Verlassenheit, von Schuld und Rache wie auch mit den Allmachts- und Größenphantasien. Auch die Probleme, die mit der sexuellen Reifung und Identität auftauchen, sind ein wichtiges Märchenthema, man denke nur an „Dornröschen" oder den „Froschkönig". Der Märchen-Raum bietet die Möglichkeit, diese Konflikte ausleben zu können – durch die Märchenhelden bzw. -heldinnen. Das Kind, das sich mit Hänsel und/oder Gretel identifiziert, spürt im Miterleben, im gebannten Zuhören die drohende Gefahr durch das Böse, die kinderfressende Hexe. Es befreit sich zusammen

[1] Bruno Bettelheim. Kinder brauchen Märchen. DVA Stuttgart 1977 (deutsch), S. 39.

mit den Kindern im Märchen von ihr. Dadurch trägt es mit den Märchenhelden den Sieg des Guten davon.

„Ja", sagte meine Bekannte, „das ist auch so eine Sache: im Märchen geht immer alles gut aus. Das ist doch auch nicht realistisch. Erst passieren die schlimmsten Dinge, Tod und Unglück, Schmach und Verderben, und dann, in der größten Not, wenn die Lage völlig hoffnungslos ist, dann tauchen da immer irgendwelche Feen oder Zauberer oder Tiere oder sonstige Mitglieder einer Märchen-Heilsarmee auf und bringen alles zu einem guten Ende. Wo gibt es denn etwas Vergleichbares in der Wirklichkeit? Man sollte doch die Kinder nicht mit völlig unrealistischen Erwartungen impfen, so daß sie glauben, auch im Leben käme zum Schluß immer jemand, der ihre Angelegenheiten regelt."

Ich denke, dieser Vorwurf beruht auf einem grundlegenden Mißverständnis. Märchen geben nicht nur menschliche Krisensituationen wie in einem Zauberspiegel wieder, sondern sie zeigen auch Auswege aus dem Dilemma. Das ist der eine Grund, weshalb sie immer gut ausgehen müssen; denn der beste Ausweg ist ein Irrweg, wenn er keine zufriedenstellende Lösung bringt. Natürlich erfolgen auch die Hinweise auf das, was zu tun ist, in symbolischer Form. Sie sind verschlüsselt – wie alles in der Märchenwelt. Das macht eben das „Märchenhafte" an ihr aus. Der Gang der Ereignisse folgt einem zwar formal analysierbaren, aber mit den Mitteln der Logik allein nicht erfaßbaren Muster; denn da passieren die „unmöglichsten Dinge". Die Handlungsabfolge steht mithin in keinem logischen Ursache-Wirkungs-Verhältnis, sondern in einem „psycho"-logischen. Das heißt, *wahr* ist nicht, was der Logik des Verstandes folgt, sondern der Logik der Psyche. Und diese Seelen-Logik ist immer eine Logik der Bedürfnisse. So erklärt sich zum zweiten der gute Ausgang aus dem allgemein menschlichen, bei dem Kind jedoch noch ganz besonders ausgeprägten Wunsch, daß das Gute über das Böse siegen und der Weg zum Glück frei sein möge. Wie sollte man auch vertrauensvoll in eine so bedrohliche Welt hineinwachsen und seinen Platz darin finden, wenn man nicht an den letztendlichen Sieg des Guten glauben darf?

Wenn ich mir meine eigenen Märchenerlebnisse als Kind ins Gedächtnis zurückrufe, so weiß ich, daß dieser gute Schluß für mich das Allerwichtigste am Märchen war. Es mußte einfach immer gut ausgehen, sonst war es kein richtiges Märchen. War der Sieg über das Böse nicht allumfassend und endgültig, dann blieb auch die zauberhafte Beglückung aus. Die innere Bereicherung, die ich empfand, war eng an diese Tatsache gekoppelt. Da durften keine Halbheiten und – nach meinem kindlichen Gefühl – falschen Kompromisse vorkommen: der Triumph des Helden oder der Heldin mußte vollkommen sein und der Widersacher vernichtet werden – moralisch oder physisch.

Das hört sich grausam an. Untersuchungen haben jedoch gezeigt, daß die Kinder die geschilderten Bestrafungen der negativen Figuren wirklich als Beweis für die Stärke des Guten und seine Durchsetzungsfähigkeit erleben. Die Vernichtung des Bösen läßt den Glanz des Guten nur um so heller erstrahlen. Im allgemeinen wird der Untergang der Widersacher für das Kind nicht konkret. Erst wenn Illustrationen gerade diese Szenen ausmalen, wird der Vorgang dem Kind anschaulich. Deshalb sollten die Bilder eines Märchenbuches nicht gerade diese Szenen zeigen.

Meine eigenen Erinnerungen an die Gefühle beim Erzählen eines Märchens (und ich glaube, vielen Lesern wird es nicht anders gehen) unterstützen die Erkenntnis, daß in den Märchen eine uralte Weisheit steckt. Die Märchensymbole werden unbewußt verstanden, nur so läßt sich dieses „Berührtsein“ erklären, dieser Schauder, der mich manchmal heute noch in der Begegnung mit einem Märchen überkommt.

Aber so schnell war meine Freundin nicht zu überzeugen. „Ich finde“, sagte sie, „daß die Märchen mehr Unheil anrichten, als sie Gutes tun. Zum Beispiel durch die vielen Vorurteile, die sie geradezu heranzüchten, vor allem gegen die Stiefmutter. Denen wird durch diese Gruselgeschichten doch manchmal das Leben zur Hölle gemacht.“ Ich konnte ihr darauf nur antworten, daß natürlich das Verhältnis von Stiefeltern zu Stiefkindern meistens schwieriger sei als bei leiblichen Kindschaftsverhältnissen, das ist nicht zu leugnen. Im Märchen hat jedoch darüber hinaus das Auftauchen einer Stiefmutter eine besondere Bedeutung, das werden wir später bei den einzelnen Märchenbesprechungen noch sehen. Auch auf den Einwand meiner Freundin hin, es sei doch ungerecht, daß immer nur Stiefmütter und nie Stiefväter auftauchten, mußte ich auf die nachfolgenden Kapitel verweisen, wo am einzelnen Märchen die Funktion der Stiefmutter deutlich wird.

„Und was ist mit den alleinstehenden Frauen?“, meinte sie, „wenn es nach den Märchen ginge, wären das alles Hexen. Denk doch nur mal an die Hexenverbrennungen im Mittelalter – und so etwas willst du heute noch unseren Kindern zumuten!“ Nun, darauf ist nur zu entgegnen, daß man doch nicht das Kind mit dem Bade ausschütten sollte: natürlich gab (und gibt) es irrationale Auswüchse, vor allem in geschichtlichen Krisenzeiten, wenn die Menschen sich ohnmächtig der Allgewalt eines bösen Schicksals ausgeliefert fühlten und deshalb zu einer infantilen und magischen Denkweise tendierten, die gesellschaftliche Randgruppen zu allgemein anerkannten Sündenböcken stempelt. Der tiefere Sinn dieser Haltung liegt in der psychischen Entlastung: Nicht das unfaßbare und unkontrollierbare Verhängnis ist dann zum Beispiel an der Pest schuld, sondern irgendeine arme Hexe. Aber das ist noch lange kein Grund, zusammen mit diesen verabscheuungswürdigen Praktiken auch gleich die überlieferten Volksmärchen zu verteufeln, nur weil es da Hexen gibt. Wie schon angedeutet, haben Stiefmütter, böse Feen und Zauberer, haben die Hexen eine bestimmte Aufgabe im Rahmen der Märchen zu erfüllen.

Manchmal hört man auch solche Vorbehalte: Da in den Märchen bestimmte historische Zustände und Situationen gespiegelt werden, sind sie heute im besten Fall überholt, totes Kulturgut, oder – schlimmer noch – ein Stück Unterdrükkungsideologie, das man schnellstens begraben muß. Sie sind Ausdruck repressiver und autoritärer Erziehung und dienen damit zur Disziplinierung der Kinder. Die Lebensbedingungen der Leibeigenschaft forderten Gehorsam und Unterwerfung als Kardinaltugenden, und dieses Erziehungsziel wird durch die Märchen weitervermittelt. Wie leicht ist also einzusehen, daß sie in einer demokratischen Gesellschaft nichts mehr zu suchen haben!

Damit sind wir bei der eigentlichen Frage angelangt: Kann das Märchen eine Hilfe sein bei der Kindererziehung, oder verkehrt es unser erzieherisches Bemühen, unsere Kinder zur Selbstbestimmung und sozialen Verantwortung zu führen, in sein genaues Gegenteil, indem es die Kinder ihren irrationalen Impulsen ausliefert, ohne die Chance, daß ihr Verstand je die Oberhand über dieses Chaos gewinnt, daß sie mit kühlem Kopf und Wärme im Herzen ihr Leben zu meistern verstehen?

Ich behaupte, daß in der pädagogischen Fixierung auf die Förderung der rationalen Fähigkeiten des Kindes und der Vernachlässigung seines – zugegebenermaßen nicht so leicht faß- und überschaubaren – Seelenlebens man dem Erziehungsideal eines zur Demokratie fähigen Menschen keinen Schritt näherkommt. Es geht kein Weg daran vorbei, daß wir auch das Gefühlsleben der Kinder wahrnehmen, auch ihren inneren Notstand; denn die Kinderzeit ist nicht golden. Der unausgereifte kindliche Verstand ist ein ziemlich unbrauchbares Mittel, um die Gefühle zu ordnen, ihnen Klarheit zu geben. Die Märchen aber können das. Sie können Ordnung schaffen in der emotionalen Bedrängnis. Wie ihnen das gelingt, soll das Herzstück unserer Märchenbetrachtung sein.

So schulen Märchen zwar nicht den Verstand des Kindes – dieser Aufgabe haben sich ja Kindergärten, Schulen, Verlage und selbst das Fernsehen schon intensiv angenommen, aber sie erleichtern ihm den Umgang mit seinen Gefühlen, und in dieser Funktion sind sie quasi konkurrenzlos. Den wenigsten von Autoren erfundenen phantastischen Geschichten gelingt dies ebenfalls. „Die modernen Geschichten, die für Kinder geschrieben werden, vermeiden meist diese existentiellen Probleme, die doch für uns alle entscheidend sind. Insbesondere das Kind braucht in Symbolform gekleidete Anregungen, wie es mit diesen Fragen umgehen ... kann. ‚Heile' Geschichten erwähnen weder den Tod noch das Altern als Grenzen unserer Existenz; sie sprechen auch nicht von der Sehnsucht nach ewigem Leben. Das Märchen dagegen konfrontiert das Kind mit grundlegenden menschlichen Nöten." [1]

Im übrigen scheint es so, daß gerade die dem Verstand des Menschen verborgenen, seinem rationalen Zugriff entzogenen Botschaften des Märchens seine Überlieferung sicherten, daß wir seiner verschlüsselten Sprache sein Überleben verdanken. Wären die Wünsche und Nöte der Menschen nicht in eine so geheimnisvolle und „unwirkliche" Geschichte gegossen, so hätten sie sich sicher nicht durch die Zeiten retten können. „Die Märchen werden der Bedeutung nach ... so erzählt: ‚Bei uns hier in der Familie ist alles lieb und in Ordnung, aber früher im Wald hat es ganz böse Dinge gegeben!' Daß man von den Eltern nicht immer geliebt, sondern ebenso oft verwünscht und ‚vergiftet' wird, erfährt andererseits aber ohnehin jedes Kind. Märchen machen dabei wohl weniger zusätzlich Angst, als daß sie Anregung zu einer Phantasiearbeit geben, die der Erlebniswelt des Kindes sehr nahekommt ..." [2]

„Wie kannst du mir das beweisen?" fragte mich meine

---

[1] Bruno Bettelheim, a.a.O., S. 13.

[2] Eugen Mahler. Der junge Leser in sozialpsychologischer Sicht. In: Jugendliteraturforschung international, Frankfurter Kolloquium 1969, hrsg. v. Kl. Doderer. Weinheim, S. 37.

skeptische Freundin. „Es könnte doch auch alles reine Spekulation sein, Wichtigmacherei irgendwelcher spinnerten Leute ...“ Nun weiß ich zwar, daß sie für eine „gefühlsmäßige“ Beweisführung wenig ansprechbar ist und es daher wenig nützt, sie auf ihre eigenen kindlichen Märchenerlebnisse hinzuweisen. Vielleicht ging es ihr aber auch so, wie es ihrem kleinen Sohn jetzt geht, und sie fand den Zugang zur Welt der Märchen einfach nicht. Sie wollte das Für und Wider in einer sachlichen Diskussion mit mir erörtern – zweifellos ein lobenswertes Vorhaben. Zugleich ist mir aber auch bewußt, daß ich Gehalt und Bedeutung der Märchen in einer rationalen Analyse allein nicht ausschöpfen kann. So sagte ich ihr, daß mein Versuch, ihr die Märchen als Urbilder der Seele darzustellen, immer scheitern muß, wenn sie nicht bereit ist, die Märchen auf sich wirken zu lassen, sich von ihnen „rühren“ zu lassen oder sich doch wenigstens an die Betroffenheit als Kind zu erinnern.

Märchen spiegeln Urbilder der Seele. Das ist eine sehr abstrakte Feststellung. Wie kann man sich diese Spiegelung konkret vorstellen? Was spiegelt das Märchen und wie? Man kann das Märchen mit einem Bühnenstück vergleichen: Die Märchenwelt, dieser „wunder“-bare, zeitenthobene Raum ist die Bühne, ausgestattet und bevölkert mit „zauber“-haften Figuren und Requisiten. Die Ereignisse kommen einem unwahrscheinlich und wahrscheinlich zugleich vor, sind Teil einer exotischen Traumwelt und doch plausibel. Selbst wenn das Außergewöhnlichste passiert, kann es nur so und nicht anders geschehen. Irgendwie wirkt alles einleuchtend, obwohl die Logik der Handlungsführung doch auf den ersten Blick äußerst verwirrend ist. Wie ist das möglich? Wie läßt sich dieser Widerspruch erklären?

Wie wir schon ein paar Seiten vorher herausgefunden haben, sind die Gesetzmäßigkeiten, an die die seelischen Prozesse gebunden sind, nicht als „logisch“, sondern als „psycho“-logisch zu charakterisieren. Das heißt, es gelten nicht die Bedingungen des kausalen Denkens, sondern die Widersprüche der Gefühlswelt. Ängste und Wünsche sind psychische Energien, die sich in innerseelischen Prozessen wie in komplexen Magnetfeldern strukturieren und zu Bildern und Gestalten verdichten. Diese begegnen uns im Traum, manchmal sogar am hellichten Tag, und in Mythen und Märchen. In diesen Bildern wird uns mitgeteilt, was in uns vorgeht. Meistens jedoch verstehen wir die Bildersprache unserer Seele nicht so ohne weiteres, vieles wird sich auch nie problemlos in unsere bewußte Sprachlogik übersetzen lassen. Aber da wir ja auch die Möglichkeit haben, mit der unbewußten Seite unseres Wesens zu verstehen, ist diese vollständige Übersetzung gar nicht notwendig. Wir können auch mit und durch unsere Gefühle „verstehen" – etwas, was gerade dem Kind sehr naheliegt.

Im Märchen sind wir zum Beispiel auf das gefühlsmäßige Verstehen sehr angewiesen, ja, wir können dem Märchen keinen besonderen Reiz abgewinnen, wenn wir uns nicht „ganz", also mit Verstand und Gefühl, darauf einlassen. Die Fähigkeit zum Verständnis auf unbewußter Ebene ist der wichtigste Schlüssel, das Sesam-öffne-dich für den Zugang zur Märchenwelt. Hier sprechen die „Urbilder der Seele" und erzählen uns von ihrer Abkunft. Märchen sind Zeugnisse gelebten Lebens. Der Märchenhörer steht vor den gleichen grundlegenden Lebensaufgaben wie Generationen von Menschen vor ihm. Das Wissen um diese allgemein menschlichen Lebenssituationen hat im Märchen seinen Niederschlag gefunden. Trotzdem ist es allen „verständlich": groß und klein, gebildet und ungebildet. Die Bildersprache des Märchens entspricht der Bildersprache der Seele. Sie hat bestimmte zeit- und kulturübergreifende wie auch zeit- und kulturgebundene Aspekte – wie eben auch bestimmte Probleme grundlegender Art, andere aber recht „zeitgenössisch" sind. Die Märchenhandlung wird zum Spiegel des Wechsel- und Zusammenspiels der seelischen Kräfte: Im Märchen-Drama als Psycho-Drama können wir uns selbst und unsere Lage wiedererkennen. So läßt sich auch erklären, wieso wir das, was uns das Märchen erzählt, irgendwie als „wahr" erleben, obwohl es doch ganz unrealistisch ist. Der Wahrheitscharakter rührt von der Überzeugungskraft her, die das Märchen gegenüber unserem Unbewußten entfaltet. Deshalb nur können uns Märchen so in ihren Bann schlagen. Carl Gustav Jung, ein früher Mitarbeiter Freuds und späterer Begründer einer eigenen tiefenpsychologischen Lehre, hat diese Gestalten und Bilder unseres Unbewußten „Archetypen" genannt.

Volkserzählungen, Märchen und Mythen (oder auch Sagen) sind in den meisten Kulturen miteinander verwoben. Sie gewinnen erst in dem Augenblick ihre endgültige Form, in dem sie niedergeschrieben werden. Vorher war es jedem Märchenerzähler möglich, seine Erzählung nach Belieben auszuschmücken oder zu kürzen, Hauptsache sie gefiel den großen und kleinen Zuhörern. Daß die Zahl der lesekundigen Bevölkerung vor über 200 Jahren sprunghaft angestiegen ist, mußte sich auch auf den Umgang mit dem Märchengut auswirken. Die mündliche Erzähltradition nahm ab, und Märchenliebhaber wie zum Beispiel die Brüder Grimm sahen sich veranlaßt, die alten überlieferten Volksmärchen zu sammeln und schriftlich zu fixieren (Kinder- und Hausmärchen 1812/1815, 2 Bände). So sind sie zu einer uns noch heute zugänglichen Literaturgattung geworden. Allerdings hat die schriftliche Festlegung der Märchen auf eine ein für allemal bestimmte Form uns den Umgang mit ihnen nicht unbedingt erleichtert. Denn wenn sie lebendiger Ausdruck menschlichen Fühlens sind, so muß ihnen eine grundsätzliche Offenheit, was Form und Inhalt betrifft, zugestanden werden, auch die „Übersetzung" in unsere heutige Sprache gehört hier dazu.

Das Märchen ist ein aus einem „Menschheitstraum" im wahrsten Sinn des Wortes entstandenes Stück Literatur. Als solches hat es jedem Menschen etwas anderes zu sagen und für den gleichen Menschen in den verschiedenen Lebensabschnitten auch. „Je nach den augenblicklichen Interessen und Bedürfnissen entnimmt das Kind dem gleichen Märchen unterschiedlichen Sinn. Wenn es die Möglichkeit dazu hat, kehrt es zu dem gleichen Märchen zurück, sobald es bereit ist, alte Bedeutungen zu erweitern oder durch neue zu ersetzen.“ [1] Diese Eigenschaft der subjektiven Deutungsmöglichkeit teilt es mit anderen literarischen Kunstwerken. Und man kann genau wie bei diesen sich auch auf die Betrachtung seiner Form konzentrieren, seinen Charakter als literarische Gattung untersuchen. Hier ergeben sich Fragen nach dem Aufbau, der typischen Handlungsführung, der Darstellung der auftretenden Personen. Von dieser Seite her nähern sich die Literaturwissenschaftler dem Märchen.

Volkskundler und Geschichtswissenschaftler werden eher versuchen, von dem Märchen Auskunft über geschichtliche Ereignisse und soziale und kulturelle Bedingungen eines Volkes zu bekommen.

Viele Märchen behandeln religiöse Themen direkt oder indirekt. Sie sind biblischen Geschichten sehr ähnlich. Die Theologie findet in den Märchen daher oft bedeutsame religiöse Aussagen.

Vor allem aber ihre Qualität als Erziehungsmittel stand immer wieder im Vordergrund der Diskussion. Von rationalistisch ausgerichteten Pädagogen verteufelt, gewinnen die Märchen aber doch zunehmend wieder Verteidiger. Wenn man nun den Märchen einen Platz in der Welt der Kinder erhalten will, dann ist für den Erzieher oder die Eltern auch die entwicklungspsychologische Fragestellung interessant; welche Märchen entsprechen in etwa welchen Altersstufen? Daß und warum diese Zuordnung von jedem beliebigen Kind jederzeit durchbrochen werden kann, ist weiter oben schon ausführlicher erörtert worden. Dennoch habe ich mich entschlossen, die Reihenfolge der besprochenen Märchen nach dem „Alter“ der Märchen und des Kindes auszurichten.

Immer aber müssen wir uns vergegenwärtigen, daß das Märchen ein prinzipiell offenes Gebilde ist, und zwar offen nach allen Seiten: Es ist inhaltlich nicht festgelegt, wie die Betrachtung der mündlichen Erzähltradition zeigt, und es

---

[1] Bruno Bettelheim, a.a.O., S. 17.

ist auch von der Deutung her nicht festgelegt und festlegbar. Jeder darf und soll das am Märchen für sich nutzen, was er gerade braucht. Und auch altersmäßig darf man keine strenge Zuordnung vornehmen – auch Erwachsene können ja noch einem Märchen sehr viel abgewinnen. Alle Versuche, einen Zusammenhang zwischen einem bestimmten Lebensabschnitt und einem bestimmten Märchen herzustellen, basieren auf dem Wissen um diese wesentliche Offenheit. „Beim Märchenerzählen ist es immer am besten, der Führung des Kindes zu folgen.“ [1]

Man kann also von vielen Seiten her auf die Märchen zugehen. Hauptsache, man findet Freude daran. Ich habe mir bei meiner Beschäftigung mit Märchen vor allem tiefenpsychologische Konzepte zunutze gemacht. Darauf bauen die folgenden Deutungen auf. Sie sind nur für die „großen“ Märchenliebhaber gedacht: Man soll einem Kind nicht auseinanderlegen, warum es das oder jenes Märchen liebt. Nichts wäre schlimmer, als wenn das Kind das Gefühl hätte, wie mit Röntgenaugen auf seine geheimsten Gedanken durchleuchtet zu werden. So wird ihm die Möglichkeit genommen, „den Eltern eines der kostbarsten Geschenke zu machen: mit ihnen zu teilen, was bis dahin geheim war und nur dem Kind gehörte“, [2] und zwar freiwillig und dann, wenn ihm danach ist.

---

[1] Bruno Bettelheim, a.a.O., S. 22.
[2] Ebd.

Die erste Trennung

»HÄNSEL UND GRETEL«

Bald nachdem das Kleinkind angefangen hat zu sprechen, wird es auch versuchen, sich selber zu benennen. Meist spricht es von sich in der dritten Person, nennt sich beim eigenen Vornamen.

Diese Selbstbenennung weist auf einen wichtigen Entwicklungsschritt hin: Das Kind beginnt, sich als Individuum zu entdecken, zu erleben, daß es als eigenständige Persönlichkeit zu handeln vermag.

Dieses frühe Ichgefühl ist aber noch wenig stabil und leicht verletzbar: Man erlebt im Umgang mit Kindern dieses Alters erstmals ihre Neigung, gekränkt zu sein und sich zurückgesetzt zu fühlen – ein Zeichen dafür, daß schon eine bestimmte Stufe der Persönlichkeitsentwicklung erreicht worden ist.

Das Erreichen dieser Entwicklungsstufe hat aber auch zur Folge, daß die umfassende Symbiose mit der wichtigsten Bezugsperson, also das Gefühl umfassender Verschmelzung mit ihr, zumindest streckenweise aufgegeben werden muß, um Raum zu schaffen für die Ausgestaltung neuer sozialer Fähigkeiten. Das heißt: das Kind muß sich zunehmend aus dieser engen Verbindung lösen, ein Prozeß, der mit mehr oder weniger großen Ängsten verbunden ist; denn das Kind erlebt die erste und grundlegende Trennung seines Lebens.

Dieses Märchen gehört zu den am besten bekannten aus der Sammlung der Brüder Grimm. Es gibt kaum ein deutsches Kinderzimmer, in dem Hänsel und Gretel nicht von mitleidenden Kindern bedauert worden sind. Ihr Schicksal kann einem aber auch wirklich zu Herzen gehen:

„Vor einem großen Wald wohnte ein armer Holzhacker mit seiner Frau und seinen zwei Kindern; das Bübchen hieß Hänsel und das Mädchen Gretel. Er hatte wenig zu beißen und zu brechen, und einmal, als große Teuerung ins Land kam, konnte er auch das tägliche Brot nicht mehr schaffen. Wie er sich nun abends im Bette Gedanken machte und sich vor Sorgen herumwälzte, seufzte er und sprach zu seiner Frau: ‚Was soll aus uns werden? Wie können wir unsere armen Kinder ernähren, da wir für uns selbst nichts mehr haben?' – ‚Weißt du was, Mann', antwortete die Frau, ‚wir wollen morgen in aller Frühe die Kinder hinaus in den Wald führen, wo er am dicksten ist: da machen wir ihnen ein Feuer an und geben jedem noch ein Stückchen Brot, dann gehen wir an unsere Arbeit und lassen sie allein. Sie finden den Weg nicht nach Hause und wir sind sie los.' – ‚Nein, Frau', sagte der Mann, ‚das tue ich nicht; wie sollt' ich's übers Herz bringen, meine Kinder im Wald allein zu lassen; die wilden Tiere würden bald kommen und sie zerreißen.' – ‚O, du Narr', sagte sie, ‚dann müssen wir alle viere Hungers sterben, du kannst nur die Bretter für die Särge hobeln', und ließ ihm keine Ruhe, bis er einwilligte.

Die zwei Kinder hatten vor Hunger nicht einschlafen können und alles gehört. Hänsel tröstete Gretel, schlich sich vors Haus und steckte so viele weiße Kieselsteine, die im Mondlicht glänzten, in sein Rocktäschlein, als nur hinein wollten. Dann legte er sich wieder zu Bett. Am nächsten Morgen machten sich alle zusammen auf den Weg in den Wald. Immer wieder ließ Hänsel heimlich einen seiner blanken Steine fallen. Als sie mitten im Wald angekommen waren, ward ein Feuer angezündet. Die Kinder blieben beim Feuer und am Mittag aß jedes sein Stückchen Brot.

Und als sie lange gesessen hatten, fielen ihnen die Augen zu, und sie schliefen fest ein. Als sie endlich erwachten, war es schon finstere Nacht. Aber die Kieselsteine, die Hänsel hatte fallen lassen, zeigten ihnen den Weg nach Hause, und bei Tagesanbruch waren sie wieder daheim."

Das Märchen fängt realistisch an: Armut und Not machen die Menschen nicht besser, sondern schlechter. Trotzdem tun einem die Kinder leid, die so eine böse Mutter haben. Ihr scheint rein gar nichts an den Kindern zu liegen; sie denkt nur an sich selber. Wenn wir ein paar Zeilen danach erfahren, daß es sich um eine Stiefmutter handelt, dann finden wir scheinbar eine Erklärung für ihr egoistisches Verhalten. Aber dieser Schein trügt, wie wir später noch sehen werden.

Zunächst einmal wird uns hier anschaulich vor Augen geführt, wie der Kampf ums Überleben die Kleinsten und Schwächsten am härtesten trifft: Um sich selber durchzubringen, sind die Eltern bereit, ihre Kinder zu opfern, auch als sie zum zweitenmal in eine Notlage kommen:

Erneut in den tiefen Wald gelockt, scheinen Hänsel und Gretel diesmal rettungslos verloren; denn die Brotkrumen, mit deren Hilfe Hänsel diesmal zurückfinden wollte, sind von den Vögeln aufgepickt worden. So geraten die Kinder immer tiefer in den dunklen Wald.

Tief sitzt auch ihre Angst und dunkel ist ihre Ahnung, daß sie elend zugrunde gehen müssen, wenn sie es nicht schaffen, wieder nach Hause zu kommen. Der schwarze, tiefe Wald ist ein Sinnbild für den inneren Zustand der Kinder – wie ja alle Ereignisse im Märchen aus der Sicht der Kinder und auf sie bezogen geschildert werden.

Das ist ein ganz wichtiger Gesichtspunkt; denn nur von dort aus erschließt sich ihr Sinn: Alles, was geschieht, wird aus der Perspektive des Kleinen, des Schwachen, des Kindes gesehen – in Hänsel und Gretel wie in den anderen Märchen. Deshalb kann man zu Recht von dem „subversiven“ Ton im Märchen sprechen, geradezu von einer „Rebellion der kleinen Leute“: Der Held oder die Heldin, seien es nun Müllerstöchter oder Schneidermeister, erlangen die Königswürde – das Unterste wird zuoberst gekehrt – und der Dummling erweist sich am Ende als der klügste von allen. So kehren auch Hänsel und Gretel am Schluß mit Schätzen beladen ins Elternhaus zurück und erweisen sich damit schließlich als Stütze der Familie, während sie am Anfang den Eltern doch nur zur Last zu fallen scheinen. Aber ich will nicht vorgreifen, denn bis zum Happy-End haben die beiden noch einen langen und gefahrvollen Weg vor sich, müssen sie erst wieder aus dem tiefen schwarzen Wald heraus – und von der Hexe loskommen.

Auch in Hänsel und Gretel sehen wir die Ereignisse mit den Augen der Kinder – das wird schon gleich zu Anfang deutlich: Das Gespräch, das sie belauschen, wird so wiedergegeben, wie *sie* es verstanden haben. Sie schließen aus dem, was sie hören, daß die Eltern sie loswerden wollen. Dabei veranschaulicht diese Szene, wo die Kinder hinter der Tür horchen und Schreckliches zu hören bekommen, eine tiefsitzende Angst, die wohl jedes Kind kennt: daß es nämlich seinen Eltern zur Last fallen könnte.

Diese Angst, es könne den Eltern, vor allem der Mutter, einmal zuviel mit einem sein und sie plane deshalb, ihr Kind im Stich zu lassen, ist allerdings nicht immer da: im frühesten Kindesalter, als Säugling und Kleinkind bis zu etwa zwei Jahren, erlebt sich das Kind in einer fraglosen Einheit mit der Mutter, mit seiner Umwelt überhaupt. Deshalb kann es sich in dieser Phase gar nicht vorstellen, alleingelassen, ausgestoßen zu werden. Sein Vorstellungsvermögen reicht dazu noch nicht aus, weil es ihm gar nicht möglich ist, sich selbst als eigenständiges Wesen und getrennt von anderen zu begreifen. Erst wenn dieser Schritt getan ist, wenn eine Bewußtheit über sich selber erwacht ist, ist ihm diese Bedrohung phantasier- und vorstellbar. Es reagiert darauf mit Angst – eine ganz natürliche Verhaltensweise. Sobald es versteht, was das Wort „ich“ bedeutet, ist es ein „Ich“ und seiner selbst bewußt, damit aber beginnen auch schon seine Probleme: Vorher gab es zwar auch Angst, Ärger und Wut in seiner Erlebniswelt, aber was es nicht kannte, war Zweifel. Das Baby kennt keine Zweifel, es zweifelt noch nicht an sich selber, weil es, wie wir gesehen haben, ja noch kein „Ich“ ist, keinen Begriff von sich selber hat. Es kennt aber auch keinen Zweifel an der Liebe seiner Eltern, wenn das Wort „Liebe“ hier überhaupt zutrifft. Besser ist es, von „Umfangensein“, vom Einheitserleben zu sprechen. Die Fürsorge, die es empfängt, genießt es fraglos – und ohne ein Gefühl der Dankbarkeit, denn sie ist ja selbstverständlich für es. Es braucht sie einfach zum Überleben und die Schäden mangelnder Liebe sind uns ja allen bekannt.

Hänsel und Gretel sind keine Babies mehr, auch wenn sie sich streckenweise so aufführen, wie wir noch sehen werden. Sie dürften so im Kindergartenalter sein. Kindergartenkinder sind in mancher Hinsicht schon ziemlich selbständig und können auch schon ganz schön selbstbewußt auftreten. Man kann das ruhig wörtlich nehmen: sie sind „ihrer selbst bewußt“, sie denken über sich und die Welt nach. Sie stellen Dinge in Frage – und sich selber.

Daß Hänsel und Gretel für sich selber zu einem Problem geworden sind, macht das Märchen gleich zu Beginn deutlich: Der „Lauscher an der Wand“, der seine „eigne Schand“ hört, ist immer derjenige, der sich ausgestoßen fühlt. Hänsel und Gretel leben nicht mehr in der ursprünglichen Einheit des Kindes mit den Eltern und der Welt – und das kann gar nicht eindringlicher dargestellt werden wie hier in dem Bild der lauschenden Kinder.

Die Zeit des Eins-Seins mit der Umwelt, den Eltern, der Mutter ist also vorbei. Die Entwicklungsphase, die jetzt beginnt, ist schwierig und durch das widersprüchliche Verhalten der Kinder bestimmt. Jeder, der mit Kindern in diesem Alter zu tun (gehabt) hat, weiß, daß ihr Eigensinn einen manchmal das Fürchten lehren kann. Das berühmt-berüchtigte Trotzalter nimmt die Familie ganz schön mit. Die Kinder selber scheinen von einem Extrem ins andere zu fallen: Einerseits kann man mit ihnen schon ganz vernünftig reden, ja, sie wirken oft in gewisser Weise altklug; andererseits stoßen wir mit unseren bestgemeinten Überzeugungs- und Überredungsversuchen auf absolut taube Ohren. Sie wollen partout mit dem Kopf durch die Wand – und das leider meist mit viel Geschrei und an Orten, wo es uns als Eltern höchst unangenehm ist (mitten im Kaufhaus etwa oder bei Tante Sybille). Betroffene Mütter und Väter können ein Klagelied davon singen, wie solche Situationen am Nervenkostüm zerren. Dabei erscheinen ihnen die Verhaltensweisen ihrer Sprößlinge aufgrund ihrer Widersprüchlichkeit so unverständlich: dieses „Erwachsen-Tun" einerseits und der Rückfall in die Allüren eines Wickelkindes andererseits. Denn man erlebt ja immer wieder, daß Kinder dieses Alters eigentlich schon viel können. Die Kinder sind selber sehr stolz auf ihre Leistungen – und sie wissen auch, daß man bestimmte Dinge von ihnen erwartet. Ihre Leistungsfähigkeit setzt sozusagen ein neues, nämlich höheres Anspruchsniveau, sprich: wer seine Schuhe schon selber anziehen kann, der soll das gefälligst auch tun. So etwas ist manchmal ärgerlich – für die Kinder. Aber das Schlimmste ist: das ist längst noch nicht alles. Die Kinder spüren, daß von ihnen jetzt auch schon mal erwartet wird, daß sie sich in neuen und unbekannten Situationen angemessen verhalten. Sie stehen täglich vor neuen Beweisen ihrer Selbständigkeit. Das macht aber auch große Angst. Und die Angst bringt den Wunsch mit sich, den Schwierigkeiten aus dem Weg zu gehen: All diesen an sie gestellten Anforderungen würden die Kinder sich am liebsten entziehen, vielleicht an einem Platz unterschlupfen, wo niemand sie finden kann, am besten auf den Schoß der Mutter, oder besser noch – hinein.

Aber – bei aller Liebe – das geht nun mal nicht. Was vorbei ist, ist vorbei. Statt sich hinter den Eltern verstekken zu dürfen, werden sie von diesen ermahnt, sich „situationsgerecht" zu verhalten: Wenn man etwas geschenkt bekommt, muß man „danke" sagen, auch wenn es fremde Leute sind, die einem etwas schenken... (Meine dreijährige Tochter weigerte sich lange, sich zu bedanken, wenn die Schenker ihr unbekannt waren: „... aber die kenn' ich doch gar nicht", rechtfertigte sie sich. Zum Trost wollte sie dann unbedingt wegen eines tadelnden Hinweises „auf'n Arm" und wenn das nicht ging, der schweren Einkaufstaschen wegen zum Beispiel, dann warf sie sich mitten im Laden auf den Boden und schrie ...). Wir Erwachsenen verhalten uns gegenüber den Versuchen der Kinder, wieder ganz klein zu sein und alle Verantwortung für sich selber abzuschieben, reserviert, ablehnend oder zornig, je nach Temperament. Wir sollten aber auch versuchen, sie ein bißchen zu verstehen, wiewohl dieses Verständnis nicht unbedingt zu einer Zurücknahme der eigenen Grenzlinien führen soll. (Auf Dauer werden wir diese regressiven Tendenzen nicht unterstützen dürfen, sondern auch unsere Ansprüche an die Kinder anmelden müssen.) Den Kindern macht diese Zurechtweisung, diese Grenzziehung Wut und Angst. Vielleicht denken sie: meine Mutter hat mich nicht mehr lieb. Sie erscheint so distanziert und weit weg, so als wolle sie überhaupt nichts mehr mit mir zu schaffen haben. Ich glaube, man kann die Gefühle des Kindes in dieser Situation mit denen von Hänsel und Gretel vergleichen, als die beiden hören, daß ihre Eltern sie loswerden wollen.

Das Kind erlebt das Verhalten seiner Eltern in dieser Situation als Verweigerung. In seiner Phantasie kann diese Verweigerung so bedrohliche Ausmaße annehmen, als wollten die Eltern ihr Kind aussetzen, also es existentiell vernichten. Seine „phantastische" Überlebensstrategie kann darin bestehen, wieder einen Zustand herzustellen, der ihm die Fürsorge garantiert, also klein zu bleiben. Es versucht „zurückzukommen", möchte alles wieder so haben wie früher.

Die Zeiten, in denen dieser „Klammer-Effekt" wirkt, werden aber natürlich immer wieder abgelöst von Zeiten, die durch eine ausgesprochene „Größen-Manie" gekennzeichnet sind: „Ich kann schon alleine Hose, Jacke, Schuhe anziehen" (auch wenn der linke nachher am rechten Fuß ist), „ich bin größer als der Martin" usw.; das Hin- und Herschwingen des Stimmungspendels ist typisch für diese Entwicklungsphase. Neue Entwicklungsschritte bringen auch immer Krisen mit sich; denn das innere Gleichgewicht gerät ins Wanken, seine Labilität wird offenkundig. Schlägt das Pendel gerade nach Ärger, Zorn und Wut, dann phantasiert das Kind in seiner Wut, daß es eine ganz böse Mutter hat, die ihm nichts geben will, ja, die es sogar alleine lassen, im tiefen Wald unter lauter wilden Tieren aussetzen würde – aus reinem Egoismus. Die Mutter ist so gemein, wie die gemeinste Stiefmutter auf der ganzen Welt nur sein kann ...

Damit sind wir bei einer Schlüsselfigur in den Märchen angelangt: die Stiefmütter. In den Märchen wimmelt es geradezu davon, ja, es taucht eigentlich nur im Ausnahmefall die echte leibliche Mutter auf, während die Stiefmütter schon fast die Regel sind. Man muß sich fragen: Woher kommen die vielen Stiefmütter?

Die Stiefmutter ist eine Gestalt, die genau die Gefühle verkörpert, von denen das Kind meint, seine eigene Mutter müsse sie haben, sonst wäre sie doch nicht so böse zu ihrem Kind. (Mit „böse" ist dabei alles gemeint, was nicht den Wünschen des Kindes entgegenkommt.) Die Stiefmutter hat in den Märchen also eine wichtige Funktion: Indem das Kind seine zwiespältigen Gefühle gegenüber der eigenen Mutter jetzt teilen kann – eben auf die eigene Mutter und die Phantasie- (oder Märchen-)Figur der „Stiefmutter" hat es ein prima Mittel gefunden, sich die „gute" Mutter zu erhalten und gleichzeitig für die schlechten Zeiten eine „böse" parat zu haben.

Diese Spaltung einer wirklichen Person in zwei Figuren, von denen eine das Gute, die andere das Böse verkörpert und die jeweils als Zielscheibe für die angenehmen oder unangenehmen Gefühle des Kindes dienen, diese Lösung entspricht ganz und gar dem kindlichen Erleben und Denken. Die beiden scheinbar getrennt voneinander existierenden Mutter-Figuren haben einen zentralen Platz in der kindlichen Erlebnis- und das heißt immer auch: Phantasiewelt. Sie helfen ihm, sein seelisches Gleichgewicht zu erhalten; denn das Bild der Stiefmutter konzentriert alle aggressiven Gefühle auf sich. Deshalb müssen die Stiefmütter im Märchen auch immer so böse sein. Ihnen fällt die Rolle zu, das scheinbar unschuldige Kind zu tyrannisieren.

In Wirklichkeit werden hier aber Ursache und Wirkung verwechselt: Das Kind hat Schwierigkeiten, kommt nicht klar mit seinen ambivalenten Gefühlen, aber die „Schuld" daran schreibt es sich nicht selber zu – das darf man von so kleinen Kindern auch nicht erwarten, denn dazu sind sie einfach noch nicht in der Lage – sondern schuld ist einzig und allein die böse Mutter, eine richtige Raben- oder Stiefmutter. Man nennt dies „Projektion".

Wie kommen die Kinder im Märchen zu Stiefmüttern? Ganz einfach, scheint es: Die Stiefmutter tritt an die Stelle der guten, der „wirklichen" Mutter, die leider viel zu früh gestorben ist. Unter der Oberfläche dieses „normalen" Vorgangs – der früher auch tatsächlich „normaler", das heißt: häufiger war – erschließt sich die tiefere Bedeutung: die Mutter, die man früher hatte, als man noch klein war, so etwas wie „Zweifel" noch nicht kannte und sich ganz eins mit ihr fühlen konnte – diese Mutter verschwindet mit dem Heranwachsen. Die kindlichen Gefühle sind nun oft zwiespältig, und die Kinder werden sich selber zum Problem – wie auch die Welt, in der sie leben. Und da die Person der Mutter eine Mittelpunktstellung in der kindlichen Welt innehat, muß sie zwangsläufig auch zu einem zentralen Problem werden.

Die Märchen können dem Kind dabei helfen, diese Gefühlsverwirrungen besser in den Griff zu bekommen; denn wenn es sich mit Hänsel und Gretel identifizieren kann, dann darf es ohne weiteres all die problematischen Gefühle von Wut und Haß haben, die ihm sonst Schuldgefühle bereiten würden. Ganz im geheimen braten die Kinder statt der Hexe die eigene Mutter im Backofen; aber das wird ihnen nicht bewußt. Es soll ihnen auch gar nicht zu Bewußtsein kommen, wie die Figuren im Märchen stellvertretend für sie handeln. Sie bieten also ein Identifikationsmuster. Daß die Kinder in die Märchenfiguren hineinschlüpfen können, ohne sich darüber irgendwelche Gedanken zu machen, gerade das ist ja das Entscheidende. Die Hilfe liegt im bedingungslosen Miterleben des Märchengeschehens, aber ohne sich für das Tun der Helden mitverantwortlich fühlen zu müssen. Soll die Hexe nur im Ofen schmoren!

Aber damit greife ich den Geschehnissen schon voraus: In unserem Märchen irren die beiden Kinder ja immer noch durch den Wald, sie sind nun schon seit drei Tagen unterwegs und mittlerweile sehr hungrig.

„Als es wieder Mittag war, sahen sie ein schönes schneeweißes Vöglein auf einem Ast sitzen, das sang so schön, daß sie stehenblieben und ihm zuhörten. Und als es fertig war, schwang es seine Flügel und flog vor ihnen her, und sie gingen ihm nach, bis sie zu einem Häuschen gelangten, auf dessen Dach es sich setzte. Als sie ganz nah herankamen, da sahen sie, daß das Häuschen aus Brot gebaut war und mit Kuchen gedeckt; aber die Fenster waren von hellem Zucker.

‚Da wollen wir uns dranmachen', sprach Hänsel, ‚und eine gesegnete Mahlzeit halten.' Hänsel reckte sich und brach sich ein wenig vom Dach ab, und Gretel stellte sich an die Scheibe und knusperte daran."

Beim zweitenmal gelingt es den Kindern also nicht mehr, ihre Eltern zu überlisten. Jetzt müssen sie mit dem, was im großen finsteren Wald auf sie wartet, allein zurechtkommen. Der weiße Vogel, der ihre Aufmerksamkeit auf sich lenkt, um ihnen dann den Weg zum Hexenhaus zu zeigen, scheint zu wissen, daß für die Kinder die Begegnung mit dem Lebkuchenhaus zu einem entscheidenden Abenteuer wird. Da es keinen Weg mehr zurück gibt, muß man sich der Bewährungsprobe stellen.

Leider verhalten sich die Kinder nun so, daß man im nachhinein der „Stiefmutter" recht geben muß in ihren Befürchtungen, die Kinder würden sie von Haus und Hof essen. Mit dem Schlachtruf: „Da wollen wir uns dranmachen", fangen sie an, der Hexe quasi das Dach überm Kopf wegzufuttern.

So ein Lebkuchenhaus ist natürlich eine ungeheure Verlockung, ein Traum von einem Haus, wenn man hungrig ist und müde. Wir können nur allzugut verstehen, daß die Kinder sich sofort darüber hermachen. Aber: Ein solches Haus vermag nur eins von beiden: Sicherheit bieten oder Nahrung. Entweder essen sie es auf, oder sie richten sich darin ein.

Für Hänsel und Gretel ist das gar keine Frage, sie stürzen sich sofort darauf, um eine „gesegnete Mahlzeit zu halten", ohne auch nur einen Moment über ihre augenblicklichen Bedürfnisse, nämlich ihren Hunger, hinauszudenken. Sie haben sich also noch überhaupt nicht unter Kontrolle. Deshalb droht ihnen auch eine große Gefahr: Noch während sie dabei sind, ihren Hunger zu stillen, regt sich in ihnen eine feine, weil innere Stimme, die sie auf die Bedrohung hinweist:

„Da rief eine feine Stimme aus der Stube heraus:
‚Knusper, knusper, kneischen
Wer knuspert an meinem Häuschen?'
Die Kinder antworteten:
‚Der Wind, der Wind,
Das himmlische Kind',

und aßen weiter, ohne sich irre machen zu lassen. Sie ließen es sich weiterhin wohl sein mit ihrem Schmaus, da ging auf einmal die Türe auf und heraus kam eine steinalte Frau. Die Kinder erschraken sehr. Doch die Alte war sehr freundlich und führte sie ins Häuschen. Da ward gutes Essen aufgetragen. Milch und Pfannekuchen mit Zucker, Äpfeln und Nüssen. Hernach wurden zwei schöne Bettlein weiß gedeckt, und Hänsel und Gretel legten sich hinein und meinten, sie wären im Himmel."

Die Kinder ignorieren also die warnende Stimme und suchen sich mit einer scheinheiligen Ausrede zu beruhigen. Die Alte, die dann herauskommt, erscheint ihnen freundlich und gut, weil sie alle ihre Wünsche erfüllt – „gut" ist, wer tut, was das Kind will, und „böse", wer es frustriert. Deshalb fühlen sich Hänsel und Gretel bei der alten Hexe, die so lieb tut, wie im Himmel.

Ein Haus aus Lebkuchen! Das ist die verlockendste Fata Morgana, die man sich vorstellen kann, wenn man so ausgehungert und am Ende seiner Kräfte ist wie unsere beiden Helden. Aber im Märchen sind diese Bilder nicht rein zufällig gewählt, sondern haben immer auch eine bestimmte Bedeutung. Was also mag das Lebkuchenhaus wohl bedeuten?

Häuser bieten im allgemeinen Schutz und eine sichere Unterkunft. Dieses Haus hat darüber hinaus noch den Vorzug, nahrhaft zu sein, und es mundet den Kindern offensichtlich ausgezeichnet. Die einzige vergleichbare Situation findet sich in der des ungeborenen Kindes. Für den Fötus ist seine Mutter sein Haus, sein Bett und seine Nahrungsquelle zugleich. Es wird sozusagen von seinem Haus ernährt.

Für unser Märchen bekommen wir mit diesem Symbol den Schlüssel in die Hand, mit dem sich uns die ganze Bedeutung eröffnet: Zweimal haben Hänsel und Gretel versucht, zum Elternhaus und zur Mutter zurückzukehren, den alten Zustand wiederherzustellen. Nun spitzt sich die Situation zu: Die Kinder stürzen sich auf das Lebkuchenhaus, als sei es der Inbegriff all ihrer Sehnsüchte – und sie vergessen darüber alles.

Sie vergessen auch, daß sie gar nicht mehr so klein sind, wie sie sich nun benehmen. In ihrem Verhalten steckt ein großer Widerspruch, hervorgerufen durch den Wunsch der Kinder, einerseits groß und selbständig zu werden, der von ihrer Umwelt unterstützt wird – und die ungeheure Angst vor der erforderlichen Loslösung, die sie verleitet, das genaue Gegenteil ihres Wunsches in die Tat umzusetzen. Wenn dieses Problem nicht gelöst wird, scheint es direkt in eine Riesenkatastrophe führen zu müssen: Plötzlich dreht sich der Spieß um, und nicht mehr die Kinder sind die unbeherrschten Esser, sondern sie selber sollen gefressen werden.

Die Kinder erkennen im Moment der höchsten Gefahr, worum es geht – und reagieren angemessen. Mit List überwinden sie die Hexe, „listig sein“ heißt aber, daß man sein Verhalten nicht mehr auf eine sofortige Bedürfnisbefriedigung ausrichtet, sondern planvoll handelt und die Konsequenzen seines Tuns einkalkuliert. Wie die Kinder die Hexe schließlich überrumpeln, spricht für sich:

Hänsel streckt der halbblinden Hexe wochenlang ein Knöchelchen statt eines Fingers entgegen und entgeht so, seiner scheinbaren Magerkeit wegen, zunächst dem Suppentopf. Und als es endlich doch soweit sein und Gretel das Brot dazu backen soll, stellt sie sich dumm und bringt so die Hexe dazu, selbst in den Backofen zu kriechen. Dort muß sie nun statt der Kinder schmoren. Hänsel und Gretel aber finden im Innern des Hauses Schätze, Perlen und Edelsteine, die ihnen nach ihrer glücklichen Rückkehr ein sorgenfreies Leben ermöglichen.

Wenden wir uns zum Schluß noch einmal der armen Hexe zu, die hier so elendiglich verbraten wird. Wie fast alles in diesem Märchen hat auch die Hexe etwas mit der Mutter zu tun: Wenn das Märchen die erste und entscheidende Trennung im Leben zum Thema hat, nämlich die Loslösung von der Mutter und der Versuch, selbst-bewußt die ersten eigenen Schritte im Leben ohne Führung zu tun, dann symbolisiert die Hexe die Gefahr, die eine nicht erfolgte Trennung in sich birgt. Bleiben Mutter und Kind über die früheste Kindheit hinaus in starkem Maß aufeinander fixiert, sei es, weil das Kind sich angstvoll mehr denn je an die Mutter klammert, oder weil die Mutter selbst ihr Kind nicht loslassen will – meist ist es ein Wechselwirkungsprozeß zwischen den beiden – dann droht Böses.

Man kennt das Bild der Mutter, die ihr Kind am liebsten „vor Liebe fressen", es „verschlingen" würde, um es für immer bei sich zu behalten. Dieses Verhalten verkörpert die Hexe; sie ist für das Kind wirklich gefährlich, weil sie es auf einer Entwicklungsstufe hält, die es längst überwunden haben müßte. Das Kind muß sich von ihr befreien; dann entdeckt es neue Reichtümer, glückbringende neue Werte und neue Fähigkeiten. Wenn es damit heimkehrt, wird sich herausstellen, daß die „böse" Mutter verschwunden ist: Sie ist tot wie die Hexe, ein weiterer Beleg für beider Identität – und die Kinder sind nun nicht mehr eine Last, sondern eine Stütze für die Familie.

Kinder müssen lernen, sich dem Unbekannten zu stellen, sich im tiefen schwarzen Wald zurechtzufinden. Zunächst reagieren sie mit großer Angst, wenn sie spüren, daß ihre Eltern sie „aussetzen" wollen, damit sie sich allmählich auf die eigenen Beine stellen und sich alleine zurechtfinden. Oft ist es dann so, daß die Kinder sich um so stärker an die Mutter klammern, je mehr diese auf ihre Selbständigkeit dringt, bis sie schließlich auf dem Höhepunkt dieses Prozesses am liebsten wieder in den Mutterschoß zurückkehren würden. Das geht natürlich nicht, und sie locken damit nur die Hexe hervor. Ihr Auftauchen macht die Gefährlichkeit dieses Wunsches nur allzu deutlich. Der seelische Konflikt, in den die Kinder durch die erwartete größere Selbständigkeit geraten sind, kann nur aufgelöst werden, wenn ein Kompromiß zwischen beiden Seiten gefunden wird: Wenn wir einerseits die Angst des Kindes verstehen und verstehend uns ihm zuwenden, aber andererseits trotzdem nicht von den nötigen Anforderungen abgehen.

Die angebotenen Identifikationsmuster im Märchen, so wie zum Beispiel im Schicksal von Hänsel und Gretel, helfen dem Kind, besser mit seinen chaotischen und widersprüchlichen Gefühlen zurechtzukommen, sich im „tiefen Wald" zurechtzufinden, um es zünftig im Märchenjargon auszudrücken.

Daß Hänsel und Gretel das für die Zukunft tatsächlich gelernt haben, veranschaulicht das Märchen an einem weiteren Detail: Bei ihrer Rückkehr müssen die Kinder über ein großes Wasser, von dem auf dem Hinweg nicht die Rede war. Dieses Wasser ist ein Hinweis darauf, daß ein Übergang von einer Entwicklungsstufe zur anderen stattgefunden hat (vgl. den Vorgang der Taufe). Sie können es nur mit Hilfe einer weißen Ente überqueren, und das erfordert wiederum eine Trennung. Diese Trennung kann man auf zweierlei Weise deuten: Zum einen trennen sich Hänsel und Gretel, weil sie sich aufgrund ihrer neuen Erfahrungen klug zu verhalten gelernt haben – die Ente müßte untergehen, wenn beide Kinder sich gleichzeitig auf ihren Rücken setzten. Zum zweiten ist diese Fähigkeit zur Trennung auch ganz allgemein zu verstehen: Die Kinder sind fortan in der Lage, Dinge voneinander zu trennen, zu „differenzieren", eine der wichtigsten Voraussetzungen dafür, sich situationsangemessen, wirklichkeitsgerecht zu verhalten.

„Mein Märchen ist aus, dort läuft eine Maus, wer sie fängt, darf sich eine große, große Pelzkappe daraus machen."

[illegible]

[illegible]

[illegible]

[illegible]

[illegible]

Das neue Selbstbewußtsein und seine Gefährdung

»ROTKÄPPCHEN«

Die kindliche Entwicklung ist ein Prozeß zunehmenden Selbst-Bewußtseins. Das meint einmal, daß das Bewußtsein von sich selber, die Wahrnehmung der eigenen Person, sich immer mehr ausformt. Zum anderen wächst und stabilisiert sich das Selbstvertrauen des Kindes seiner Umwelt gegenüber, das sich auf seine zunehmende Leistungsfähigkeit gründet.

Durch die Wandlung der frühkindlichen Mutter-Kind-Symbiose zu einem Bewußtsein eigener Personalität, dem Erleben eigener Stärke, Fähigkeiten und Möglichkeiten der Abgrenzung, werden viele positive Impulse freigesetzt: Im Alter zwischen vier und sieben Jahren sind die Kinder schon ziemlich selbständig und darauf bedacht, ihren eigenen Lebensbereich auszubauen. Ihr Wissensdurst und ihre „neugierige" Einstellung dem Leben überhaupt und ihrer näheren Umgebung im besonderen gegenüber, ist eine wichtige Voraussetzung für eine weiterhin normal verlaufende Entwicklung.

Aber natürlich ist es für Kinder dieses Alters noch sehr schwer, die eigenen Kräfte richtig einzuschätzen, zu erkennen, womit man schon alleine fertig wird – und womit noch nicht. „Realitätsgerechtes Verhalten" ist ein Resultat aus Lebenserfahrung – etwas, woran es Kindern natürlicherweise noch mangelt. Man muß erst noch vieles ausprobieren. Es ist aber auch offensichtlich, daß man auch in Gefahr geraten kann, gerade wenn man neugierig, offenherzig, unbefangen und vertrauensbereit ist wie ein selbstbewußtes Kind.

„Es war einmal eine kleine, süße Dirne, die hatte jedermann lieb, der sie nur ansah, am allerliebsten aber ihre Großmutter, die wußte gar nicht, was sie alles dem Kind geben sollte. Einmal schenkte sie ihm ein Käppchen von rotem Sammet, und weil ihm das so wohl stand und es nichts anderes mehr tragen wollte, hieß es nur das Rotkäppchen. Eines Tages sprach seine Mutter zu ihm: ‚Komm, Rotkäppchen, da hast du ein Stück Kuchen und eine Flasche Wein, bring das der Großmutter hinaus; sie ist krank und schwach und wird sich daran laben. Mach dich auf, bevor es heiß wird, und wenn du hinauskommst, so geh hübsch sittsam und lauf nicht vom Weg ab, sonst fällst du und zerbrichst das Glas, und die Großmutter hat nichts. Und wenn du in ihre Stube kommst, so vergiß nicht, guten Morgen zu sagen, und guck nicht erst in allen Ecken herum.' ‚Ich will schon alles gut machen', sagte Rotkäppchen zur Mutter und gab ihr die Hand darauf."

In dem vorhergehenden Märchen, in „Hänsel und Gretel", ist deutlich geworden, daß die Symbiose mit der Mutter irgendwann zu einem Problem wird, nämlich, wenn die kindlichen Ichgefühle erwachen, die eigenen Fähigkeiten ausprobiert werden wollen und der Wunsch nach Selbständigkeit auftaucht. Am Schluß der Geschichte ist Hänsel und Gretel bewußt, daß sie selbst es in der Hand haben, wie es ihnen geht, daß sie Aufgaben und Pflichten übernehmen müssen – und können. Sie sind sich ihrer selbst bewußt, sind selbstbewußt geworden.

Rotkäppchen ist von Anfang an ein ganz schön selbstbewußtes kleines Ding; sogar richtig keck ist es: Es weiß ganz genau, wie gern man es hat, „jedermann" hat es gern. Angst oder Unsicherheit scheinen ihm fremd, sind bei ihm nicht zu spüren.

Und trotzdem kommt dieses Rotkäppchen nur ganz zufällig mit einem blauen Auge davon, denn anders als bei Hänsel und Gretel, wo die Gefahr des Gefressenwerdens nur droht, wird Rotkäppchen tatsächlich gefressen. Diesmal aber nicht von einer Hexe (einer Frau), sondern von einer männlichen Figur, einem „alten Sünder", wie der Jäger sagt: von dem Wolf.

Das deutet schon auf die verschiedene Thematik beider Märchen hin; denn abgesehen von dem Motiv des Gefressenwerdens haben sie nicht viel gemein. Hänsel und Gretel handeln nicht nur unüberlegt, sondern sie können zunächst überhaupt nur so weit denken, wie ihre Nase reicht. Ihr einziger Maßstab ist am Anfang die Befriedigung ihrer Bedürfnisse. Sie fackeln nicht lange, wenn sie sich auf das Lebkuchenhaus stürzen, sie „hinterfragen" nicht die Situation, in die sie dadurch geraten: Beide laufen zuerst noch mit Scheuklappen durch die Welt.

Rotkäppchen dagegen ist neugierig, ist offen für das Schöne, das die Welt bereithält. Darin liegt aber auch die Chance für den Wolf – und der durchschaut das sofort:

„Da ging er ein Weilchen neben Rotkäppchen her, dann sprach er: ‚Rotkäppchen, sieh einmal die schönen Blumen, die ringsherum stehen, warum guckst du dich nicht um? Ich glaube, du hörst gar nicht, wie die Vöglein so lieblich singen? Du gehst ja für Dich hin, als wenn du zur Schule gingst, und ist so lustig haußen im Wald.' Rotkäppchen schlug die Augen auf, und als es sah, wie die Sonnenstrahlen durch die Bäume hin und her tanzten und alles voll schöner Blumen stand, dachte es: Wenn ich der Großmutter einen frischen Strauß mitbringe, der wird ihr auch Freude machen ..."

Und Rotkäppchen bringt nicht nur für Blumen Interesse auf; auch der Kontakt mit dem Wolf scheint ihm ganz gut zu gefallen, denn es gibt vorher schon bereitwillig Auskunft auf dessen Fragen:

„Wie nun Rotkäppchen in den Wald kam, begegnete ihm der Wolf. Rotkäppchen aber wußte nicht, was das für ein

böses Tier war, und fürchtete sich nicht vor ihm. ‚Guten Tag, Rotkäppchen‘, sprach er. ‚Schönen Dank, Wolf.‘ – ‚Wo hinaus so früh, Rotkäppchen?‘ – ‚Zur Großmutter.‘ – ‚Was trägst du unter der Schürze?‘ – ‚Kuchen und Wein; gestern haben wir gebacken, da soll sich die kranke und schwache Großmutter etwas zugute tun und sich damit stärken.‘ ‚Rotkäppchen, wo wohnt deine Großmutter?‘ – ‚Noch eine Viertelstunde weit im Wald, unter den drei großen Eichbäumen, da steht ihr Haus, unten sind die Nußhecken, das wirst du ja wissen‘, sagte Rotkäppchen.“

Das hört sich doch fast so an, als würde Rotkäppchen den Treffpunkt einer Verabredung beschreiben – oder nicht? Vielleicht wünscht es sich gar insgeheim ein Rendez-vous mit dem Wolf?

Entschuldigend könnte man einwenden, daß es ja noch nicht weiß, daß der Wolf böse und gefährlich ist. Naiv geht es davon aus, daß die, die freundlich scheinen, auch freundlich sind. Schon Hänsel und Gretel mußten lernen, daß dem nicht so ist – auch eine Hexe, die schön tut, bleibt eine Hexe. Zwischen „Schein“ und „Sein“ zu unterscheiden, fällt aber bekanntlich nicht nur den Kindern schwer!

Es sieht so aus, als bliebe es Rotkäppchen nicht erspart, erst seine eigenen Erfahrungen mit dem Wolf zu machen, um das nächste Mal besser gewappnet zu sein.

Daß der Wolf, von dem hier die Rede ist, nicht etwa ein bösartiger Einzelfall ist und daß Rotkäppchen aus der Begegnung mit ihm tatsächlich etwas gelernt hat, beweist übrigens die Fortsetzung des Märchens, wie sie in der Sammlung der Brüder Grimm steht:

„Es wird auch erzählt, daß einmal, als Rotkäppchen der alten Großmutter wieder Gebackenes brachte, ein anderer Wolf ihm zugesprochen und es vom Wege habe ableiten wollen. Rotkäppchen aber hütete sich und sagte der Großmutter, daß es dem Wolf begegnet wäre, der ihm guten Tag

gewünscht, aber so bös aus den Augen geguckt hätte: Wenn's nicht auf offener Straße gewesen wäre, er hätte mich gefressen. – Komm, sagte die Großmutter, wir wollen die Türe verschließen, daß er nicht herein kann."

In dieser Fortsetzung besiegen die Großmutter und Rotkäppchen den Wolf dann durch eine listige Falle, in der er durch seine eigene Gier umkommt. Rotkäppchen bemerkt hier rechtzeitig die bösen Augen des Wolfs – und vertraut nicht dem freundlichen Gruß. Es handelt somit realitätsgerecht, wenn es daraufhin Schutzmaßnahmen ergreift.

Rotkäppchen hat also gelernt, sich den Wolf vom Hals zu halten – aber erst, nachdem es ihm einmal zum Opfer gefallen war.

Und Rotkäppchen mußte dem Wolf zum Opfer fallen – warum?

Es sieht doch so aus, als sei das, was Rotkäppchen und der Wolf miteinander haben, eine Verführungsgeschichte. Rotkäppchen, keck und naiv wie es ist, gerät dabei in eine gefährliche Situation, weil es sich mehr zutraut, als es schaffen kann. Es probiert im Wolf die bösen, gewalttätigen und asozialen Tendenzen des Männlichen aus und hat dabei keinerlei Angst, sondern läßt sich vertrauensselig darauf ein. Es hat noch keine schlechten Erfahrungen gemacht, deshalb kann es nicht erkennen, daß die Situation, die es heraufbeschwört, seine Kräfte bei weitem übersteigen wird – denn eigentlich ist es ja noch viel zu klein, um es mit dem Wolf aufzunehmen.

Schon der Titel des Märchens weist auf diese Tatsache hin: „Rotkäppchen". Einerseits scheint das Mädchen noch sehr jung zu sein, so daß man es in der Verkleinerungsform ruft – andererseits trägt es eine Mütze aus rotem Samt. Die Farbe rot setzt ein starkes Signal, signalisiert heftige Emotionen, auch und gerade sexueller Art. Die Kleinheit des Käppchens und somit des Mädchens und die rote Farbe passen also nicht zueinander. Trotzdem aber gefällt sich Rotkäppchen mit dieser Kopfbedekkung sehr gut; es möchte nichts anderes mehr tragen und findet es toll, damit die Aufmerksamkeit auf sich zu ziehen. Daß ihm solche Provokation zum Verhängnis werden könnte, kommt ihm nicht in den Sinn.

Rotkäppchen ist also ein bißchen in sich selber verliebt – eine sehr menschliche und deshalb auch liebenswerte, aber eben auch: eine gefährliche Eigenschaft. Es überschätzt sich maßlos, das Rotkäppchen. Unvorstellbar ist ihm, daß der Wolf Böses im Sinn haben könnte. Das aber ist ein ganz übler Bursche:

„Der Wolf dachte bei sich: Das junge, zarte Ding, das ist ein fetter Bissen, der wird noch besser schmecken als die Alte: du mußt es listig anfangen, damit du beide erschnappst".

Es ist nun mal beste Wolfstradition, auf die zarten jungen Dinger scharf zu sein, und wer sich darauf einläßt, wird immer zum Opfer werden – das wird Rotkäppchen lernen müssen. Es muß lernen, in Zukunft auf seinem Weg zu bleiben, d.h. seine Pflichten verantwortungsbewußt zu erfüllen und die Konsequenzen seines Handelns zu bedenken. Es muß sich selbst treu bleiben, statt sich mir nichts dir nichts von jedem herbeigelaufenen Wolf vom Weg abbringen zu lassen. Natürlich hat der Wolf das Rotkäppchen nur deshalb vom Weg abbringen können, weil er seine geheimen Wünsche wecken konnte – denn erst nach dem Hinweis des Wolfs schaut sich Rotkäppchen um und sieht tatsächlich überall solche Schönheit, daß ihm das Herz im Leibe lacht. Es wird sich als verhängnisvoll erweisen, daß es jetzt unüberlegt seinen momentanen Wünschen folgt.

Der Wolf hat es geködert.

Wie geht es weiter? Während Rotkäppchen noch mit dem Blumenpflücken beschäftigt ist, kommt der Wolf schon zur Sache: Er marschiert schnurstracks zum Haus der Großmutter und verspeist sie, ohne ein Wort dabei fallenzulassen. Dann zieht er ihre Kleider an, setzt ihre Haube auf, legt sich in ihr Bett und wartet auf Rotkäppchen. Und nun nimmt das Unglück unaufhaltsam seinen Lauf:

„Rotkäppchen war nach den Blumen herumgelaufen, und als es so viele zusammen hatte, daß es keine mehr tragen konnte, fiel ihm die Großmutter wieder ein, und es machte sich auf den Weg zu ihr. Es wunderte sich, daß die Türe aufstand, und wie es in die Stube trat, so kam es ihm so seltsam darin vor, daß es dachte: Ei, du mein Gott, wie ängstlich wird mir's heut zumut, und bin sonst so gerne bei der Großmutter! Es rief: ‚Guten Morgen!' bekam aber keine Antwort. Darauf ging es zum Bett und zog die Vorhänge zurück: Da lag die Großmutter und hatte die Haube tief ins Gesicht gesetzt und sah so wunderlich aus. ‚Ei, Großmutter, was hast du für große Ohren!' – ‚Daß ich dich besser hören kann.' – ‚Ei, Großmutter, was hast du für große Augen!' – ‚Damit ich dich besser sehen kann.' – ‚Ei, Großmutter, was hast du für große Hände!' – ‚Daß ich dich besser packen kann.' – ‚Aber, Großmutter, was hast du für ein entsetzlich großes Maul!' – ‚Daß ich dich besser fressen kann.' Kaum hatte der Wolf das gesagt, so tat er einen Satz aus dem Bette und verschlang das arme Rotkäppchen."

Zwar ist Rotkäppchen naiv und wird deshalb gefressen – aber es ist auch sensibel. Es spürt die Gefahr, wenn es ins Zimmer kommt, es erfragt sie sogar – nur kann es die Antworten nicht richtig deuten. Nur vordergründig hört es sich so an, als sei es die Großmutter, an die Rotkäppchen seine Fragen richtet; in Wirklichkeit versucht es herauszubekommen, wer das ist, der da im Bett liegt. Wer ist der Wolf?

Weil es in bezug auf Wölfe ahnungslos ist, sich aber gleichzeitig auch so angezogen fühlt, daß es nicht flüchtet, als es merkt, da stimmt was nicht – deshalb vermag

Rotkäppchen die eindeutigen Antworten des Wolfes nicht richtig zu verstehen. Oder vielleicht weigert es sich auch insgeheim, sie richtig zu deuten? Denn dann müßte es die Beine unter den Arm nehmen und schleunigst verschwinden. Aber irgendwie gefällt es ihm ja in der Nähe des Wolfes, das haben wir schon bei der ersten Begegnung gemerkt. Rotkäppchens Gefühle sind äußerst widersprüchlich.

Am Bett des Wolfes sitzend, versucht das Mädchen also, dessen Wesen zu ergründen. In seinen Fragen spricht es das Hören, das Sehen, das Tasten und das Schmecken an. Es versucht den Wolf also mit den Mitteln zu begreifen, die ihm bisher bei dem Versuch geholfen haben, die Welt zu verstehen. Aber offensichtlich greifen diese Instrumente diesmal nicht; die Antworten sind nicht befriedigend. Die bisher nützlichen und erprobten Handlungsweisen reichen nicht aus, um mit dem Wolf fertig zu werden.

Warum aber treibt der Wolf wohl dieses Spiel? Er könnte die Enkelin doch auch gleich fressen, genauso wie die Großmutter. Aber es scheint ihm Spaß zu machen, Rotkäppchens zwiespältige Neigungen zu beobachten: seine seltsame Beklommenheit und Ängstlichkeit und das gleichzeitige Fasziniertsein. Das macht für ihn erst den Reiz aus und deshalb hat er das Spiel mit der Großmutter gar nicht erst angefangen, denn die war eine alte und erfahrene Frau und kannte daher den Wolf. Sie wird deshalb völlig wortlos verschluckt, ihre Schwachheit und Krankheit wird ihr zum Verhängnis – und damit auch dem Rotkäppchen; denn nur weil die Großmutter zu schwach ist, die Tür selbst zu öffnen, kann sich der Wolf einschleichen – aber das ist ein Gesichtspunkt, auf den ich später noch mal kommen möchte; zunächst will ich mir noch ein paar Gedanken um den Wolf machen.

Der Wolf übt eine große Faszination auf Rotkäppchen aus. Was ist es, das ihn so faszinierend macht, so daß das Rotkäppchen fast hypnotisiert reagiert – wie das Kaninchen auf die Schlange – und unfähig ist, vom Bett wegzuspringen? Der Wolf ist ein männliches Tier; man kann sagen, er verkörpert das männliche Prinzip, und zwar dessen zerstörerische Aspekte. Für Rotkäppchen, für ein kleines Mädchen, müssen die Absichten des Wolfs zerstörerisch sein, denn ihm fehlen die Reife und die Kraft, die für eine Auseinandersetzung mit ihm notwendig sind. Der aggressive, gierige Wolfsmann kann der Persönlichkeit Rotkäppchens nur Gewalt antun.

Aber der Wolf ist nicht die einzige männliche Figur in dem Märchen.

„Wie der Wolf sein Gelüsten gestillt hatte, legte er sich wieder ins Bett, schlief ein und fing an, überlaut zu schnarchen. Der Jäger ging eben an dem Haus vorbei und dachte: Wie die alte Frau schnarcht! Du mußt doch sehen, ob ihr etwas fehlt. Da trat er in die Stube, und wie er vor das Bette kam, so sah er, daß der Wolf darin lag. ‚Finde ich dich hier, du alter Sünder', sagte er, ‚ich habe dich lange gesucht.' Nun wollte er seine Büchse anlegen, da fiel ihm ein, der Wolf könnte die Großmutter gefressen haben und sie wäre noch zu retten, schoß nicht, sondern nahm eine Schere und fing an, dem schlafenden Wolf den Bauch aufzuschneiden."

Der Jäger holt das Rotkäppchen und seine Großmutter wieder wohlbehalten aus dem Bauch des Wolfs heraus – sie werden sozusagen neu geboren. Damit macht der Jägersmann die Schandtat des Wolfsmannes wieder gut. Durch seine Hilfe bleibt Rotkäppchen vor größerem Schaden bewahrt. Der Jäger ist also eine schützende Gestalt. So folgt er auch nicht seinem ersten Impuls, nämlich, den Wolf totzuschießen, sondern geht bedächtig und behutsam vor. Sein Handeln ist wohlüberlegt; man könnte in ihm eine Vaterfigur sehen. In den Märchen sind die Jäger meistens so positiv dargestellt; ihr Auftauchen bringt die Gewißheit, daß sie die wilden, reißenden

Tiere des Waldes bezwingen werden, die Bestien vernichten oder zähmen. In der Symbolsprache der Märchen stehen solche wilden Tiere aber für die unkontrollierbaren, chaotischen Gefühle, die den Menschen befallen können, und ganz besonders das Kind, das sich noch viel schwerer damit tut, sie zu bändigen, mit ihnen umzugehen. Deshalb kommt dann der Jägersmann und schafft wieder Ordnung, d.h. der Vater ist durch seine Ruhe und Stärke die Rettung in der Seelennot.

Das ist das eine, das andere ist folgendes: Daß Rotkäppchen und die Großmutter eine Zeitlang regungslos im Bauch des Wolfes, sozusagen scheintot, waren, ist ein Beweis für ihr Versagen. Sie haben im Umgang mit dem Wolf die Prüfung nicht bestanden und fallen deshalb in eine innere Starre und Bewegungslosigkeit. Deutlich wird dabei, daß nicht nur Rotkäppchen gescheitert ist, sondern auch die Großmutter: Sie konnte das Kind nämlich nicht so beschützen und ihm nicht so helfen, wie es das gebraucht hätte. Als Mutter der Mutter, als doppelt ausgewiesener Mutterfigur also, wäre dies aber ihre Pflicht gewesen. Beide jedoch, Rotkäppchen und die Großmutter, haben schließlich aus ihren Erfahrungen mit dem Wolf gelernt.

Die Zeit im Bauch des Wolfes ist für Rotkäppchen zusätzlich eine Zeit der seelischen Reifung; denn als es da wieder herausgeholt wird, wiedergeboren, wie man auch sagen könnte, ist es um einiges klüger geworden – es weiß jetzt, daß man den Wolf vernichten muß, wenn man nicht selber vernichtet werden will. Diese Wiedergeburt, das Herausspringen aus dem Dunkel ins Licht mit Hilfe des Jägers, bedeutet das Erreichen einer neuen Entwicklungsstufe.

„Wie er ein paar Schnitte getan hatte, da sah er das rote Käppchen leuchten, und noch ein paar Schnitte, da sprang das Mädchen heraus und rief: ‚Ach, wie war ich erschrokken, wie war's so dunkel in dem Wolf seinem Leib!' Und

dann kam die alte Großmutter auch noch lebendig heraus und konnte kaum atmen. Rotkäppchen aber holte geschwind große Steine, damit füllten sie dem Wolf den Leib, und wie er aufwachte, wollte er fortspringen; aber die Steine waren so schwer, daß er gleich niedersank und sich tot fiel. Da waren alle drei vergnügt; der Jäger zog dem Wolf den Pelz ab und ging damit heim, die Großmutter aß den Kuchen und trank den Wein, den Rotkäppchen gebracht hatte, und erholte sich wieder, Rotkäppchen aber dachte: Du willst dein Lebtag nicht wieder allein vom Wege ab in den Wald laufen, wenn dir's die Mutter verboten hat."

Was ist es also, was Rotkäppchen jetzt weiß und vorher nicht gewußt hat? Es hat gelernt, daß es manchmal besser ist, „auf dem Weg" zu bleiben, den ihm die Mutter gezeigt hat – nicht aus Gehorsamspflicht, sondern weil es im Umgang mit der zwar faszinierenden, aber dennoch oder gerade deswegen gefährlichen sexuellen Attraktion des Wolfsmannes noch die Hilfe und Unterstützung des gleichgeschlechtlichen Elternteils braucht. Es kann nicht darum gehen, sich überhaupt nicht mehr „in den Wald" zu wagen, sich hinter dem Ofen zu verkriechen und der Mutter in Zukunft am Rockzipfel zu hängen: das wäre die falsche „Moral aus der Geschichte". Wichtig ist für es aber die Erfahrung, daß es *noch* nicht allein mit dem Wolf fertig wird. Es braucht im Umgang mit ihm noch solidarischen Beistand, einerseits von dem gleichgeschlechtlichen Elternteil, der Mutter, aber auch von der beschützenden Vaterfigur, dem Jäger.

Später, wenn es älter und „stärker" geworden ist, wird es bei einem weiteren Gang „in den Wald" vielleicht entdecken, daß aus dem Wolf ein Prinz geworden ist (aber das ist eigentlich ein anderes Märchenmotiv, das z. B. im Froschkönig aufgegriffen wird). Jetzt braucht Rotkäppchen noch die Ermahnungen der Mutter, ihre Aufklärung über den Weg, den es gehen muß; und es braucht die Großmutter. Rotkäppchen steht in der Tradition dieser beiden Frauen. Das zu spüren ist wichtig, denn wenn das Mädchen in Zukunft nicht mehr vom Weg abgehen will, wenn's die Mutter ihm verboten hat – von einem Weg, der bezeichnenderweise von der Mutter zur Großmutter führt! – dann tritt es gleichsam in eine Arbeitsgemeinschaft mit den Frauen ein.

Die Geschichte vom Rotkäppchen ist ein Identifikationsmärchen. Es erzählt, wie ein Mädchen im Schulkindalter, selbstbewußt und neugierig, auf eigene Faust herauszukriegen versucht, was für eine Bewandtnis es mit dem männlichen Geschlecht hat. Das Mädchen gerät dabei aber an ein ausgefuchstes (besser wäre hier wohl: ausgewolftes!) Exemplar dieser Gattung, das nur sein Spiel mit ihm treiben will und über die verletzliche Persönlichkeit des Kindes skrupellos hinweggeht. Aus der Sicht des Erwachsenen mag es ein harmloses Spiel sein, das der „Wolf" mit „Rotkäppchen" zu spielen beabsichtigt, aber dem Kind fügt es beinahe schweren Schaden zu. Denn die Zeit ist einfach noch nicht reif dafür – und in die kindliche Gefühlswelt lassen sich diese Erlebnisse meist nicht ohne größere Probleme integrieren. Da die Perspektive, aus der das Märchen erzählt wird, die des Kindes ist (das, was passiert, wird mit den Augen des kindlichen Helden gesehen), drückt sich das Gefühl des „Überwältigtwerdens" im Bild des „Gefressenwerdens" aus. Das vorpubertäre Kind macht eine böse Erfahrung, aus der es seine Lehren zieht. Für uns Erwachsene sind diese Lehren und ihre Auswirkungen ja manchmal zum Schmunzeln. Typisch ist zum Beispiel, daß Kinder dieses Alters, also so etwa von 7 bis 11, plötzlich anfangen, nur noch mit ihresgleichen zu spielen – die Mädchen mit Mädchen, die Buben mit Buben. Grenzüberschreitungen sind strengstens verboten, und diejenigen, die sich daran nicht halten, werden heftig verachtet. Später legt sich das dann ja wieder, Gott sei Dank.

Diese Abwehrmechanismen, die ja eine Schutzfunktion haben und durch die im Märchen bildhaft gestaltete krisenhafte Situation bedingt sind, entwickeln sich aber nicht nur bei Mädchen; denn Jungen geht es offensichtlich ähnlich. In dieser Phase schließen sich die Kinder auch gern dem gleichgeschlechtlichen Elternteil an, versuchen ihn nachzuahmen, nehmen ihn sich zum Vorbild. Das ist wichtig, eine gute Voraussetzung, um mit den Gefühlsverwirrungen und Unsicherheiten, die mit der Pubertät dann einsetzen, besser klarzukommen. Wer biologisch zur Frau oder zum Mann wird, muß auch einen Begriff davon haben, was „Frau“ oder „Mann“ über das bloß Biologische hinaus bedeutet.

Das Leben als Herausforderung

»DAS TAPFERE SCHNEIDERLEIN«

Es ist gut, mutig und geradlinig die Dinge anzugehen. Aber wer kann das schon! Angsthaben ist menschlich. Das Leben als Herausforderung zu erleben, kann einen unter Umständen eher einschüchtern, zum Zögern und Zaudern veranlassen, als zur Aktivität motivieren.

Für viele Kinder, die dazu neigen, sich in sich selbst zurückzuziehen, die eher introvertiert wirken, hat die Welt außerhalb der Geborgenheit und Sicherheit der eigenen vier Wände oft etwas Bedrohliches, nimmt Riesen-Ausmaße an. Sie geraten dadurch leicht in Schwierigkeiten, denn ihr Rückzug wird meist weder von den Eltern noch von den Gleichaltrigen, den Schulkameraden, so ohne weiteres akzeptiert.

Gerade für solche Kinder ist es wichtig, die Möglichkeit zur Identifikation mit Vorbildern zu haben, die ihren Lebensweg auf ungewöhnliche Weise gegangen sind, „anders“ waren als die anderen, aber dennoch ihren Platz in der Welt gefunden haben, indem sie nicht kapitulierten.

Einem so kecken und selbstbewußten Burschen wie dem „tapferen Schneiderlein“ begegnet man nicht oft; seine Couragiertheit ist geradezu verblüffend. Sein ungebrochenes Selbstbewußtsein wird schon gleich zu Beginn deutlich, als es der Bauersfrau das Mus abkauft – und damit die ganze Geschichte erst ins Rollen bringt.

„An einem Sommermorgen saß ein Schneiderlein auf seinem Tisch am Fenster, war guter Dinge und nähte aus Leibeskräften. Da kam eine Bauersfrau die Straße herab und rief: ‚Gut Mus feil! Gut Mus feil!‘ – Das klang dem Schneiderlein lieblich in den Ohren, er steckte sein zartes Haupt zum Fenster hinaus und rief: ‚Hier herauf, liebe Frau, hier wird sie ihre Ware los.‘ – Die Frau stieg die drei Treppen mit ihrem schweren Korbe zu dem Schneider herauf und mußte die Töpfe sämtlich vor ihm auspacken. Er besah sie alle, hob sie in die Höhe, hielt die Nase dran und sagte endlich: ‚Das Mus scheint mir gut, wieg sie mir doch vier Lot ab, liebe Frau; wenn's auch ein Viertelpfund ist, kommt es mir nicht drauf an.‘ – Die Frau, welche gehofft hatte, einen guten Absatz zu finden, gab ihm, was er verlangte, ging aber ganz ärgerlich und brummig fort. – ‚Nun, das Mus soll mir Gott gesegnen‘, rief das Schneiderlein, ‚und soll mir Kraft und Stärke geben.‘ – Aber dann überlegt er sich, daß er wohl doch besser erst sein Wams fertignähen sollte und machte vor Freude immer größere Stiche. Währenddessen ließen sich die ersten Fliegen auf seinem Musbrot nieder. Erst jagt das Schneiderlein sie weg, aber als das sie nicht abhält, es sich scharenweise erneut an dem süßen Mus wohl sein zu lassen, platzt dem Schneider die Geduld, er langte nach einem Tuchlappen, und wart, ich will es euch geben! schlug es unbarmherzig drauf. Als es abzog und zählte, so lagen nicht weniger als sieben vor ihm tot und streckten die Beine. – ‚Bist du so ein Kerl?‘ sprach es und mußte selbst seine Tapferkeit bewundern, ‚das soll die ganze Stadt erfahren.‘ Und in der Hast schnitt sich das Schneiderlein einen Gürtel, nähte ihn und stickte mit großen Buchstaben dar-

auf: Siebene auf einen Streich! – ‚Ei was, Stadt!' sprach es weiter, ‚die ganze Welt soll's erfahren!' und sein Herz wakkelte ihm vor Freude wie ein Lämmerschwänzchen."

Sein Geschick als Held ereilt den Schneider also an einem schönen Sommermorgen, um den ironisch-witzigen Ton des Märchens beizubehalten. Wir erfahren aus dieser ersten Passage schon allerhand über unseren Helden: guter Dinge ist er und fleißig. Zwar macht er „vor lauter Freude immer größere Stiche", aber diese kleine menschliche Schwäche sichert ihm eigentlich erst recht unsere Sympathie.

Den Schneider zeichnet ein unverbrüchlicher Glaube an sich selber aus. Dabei scheint er seiner Umwelt eher ein – teilweise auch ärgerliches – Unikum zu sein. Daß sein Verhalten für die anderen zum Ärgernis werden kann, ist ihm offenbar selber nicht bewußt. Man ist verblüfft über die Kombination von Naivität und Schlitzohrigkeit, die neben dem Gott- und Selbstvertrauen den Kern seines Wesens auszumachen scheint. Dem sind seine Mitmenschen nicht gewachsen. Hätte die arme Bauersfrau unter dem Ruf „hier herauf, liebe Frau, hier wird sie ihre Ware los" nicht etwas anderes verstanden als der Schneider, so wäre sie wohl kaum wegen eines Viertelpfundes drei Treppen hoch gestiegen. Aber des Schneiders Überzeugung von der Ehrlichkeit und Richtigkeit seines eignen Tuns läßt ihren Ärger ins Leere laufen: Sie zieht wieder ab, brummig, aber ohne dem Schneider den Kopf zurechtgerückt zu haben. Sein Selbstbewußtsein macht ihn immun. Das wird sich auch im weiteren Verlauf der Geschichte zeigen. Der Respekt, den er uns abverlangt, gründet sich auf seinen Glauben an sich selber, selbst wenn seine Leistung – vordergründig – nur im Töten von Fliegen besteht. In seiner närrischen Cleverness entlarvt er die Erfolgskriterien, die in der Welt gelten: Schein statt Sein. Aber das wird uns später noch anschaulicher vor Augen geführt. Das tapfere Schneiderlein tritt ja seine Wanderschaft gerade erst an, es wird seinem Namen noch Ehre machen, seine Tapferkeit noch beweisen müssen.

Der Schneider macht sich also auf den Weg in dic Welt und will sich dort versuchen. Eine Wanderschaft gilt sowohl im Märchen als auch im „wirklichen" Leben immer als ein Weg zur Selbstfindung. Früher, zur Zeit der Romantik, mußte jeder, der etwas auf sich hielt, wenigstens einmal auf Wanderschaft gewesen sein. Das bedeutet immer: auf sich selber gestellt sein und auf die eigene Kraft und Fähigkeit vertrauen. Was man dadurch gewinnt, ist ein Stück Selbst-Erfahrung, durch das ein neues Selbst-Bewußtsein geformt wird. Heutzutage gibt es ja wieder eine starke Bewegung gerade unter jungen Leuten, die in ferne Länder aufbricht, um neue Möglichkeiten der Selbsterfahrung, des Sich-selber-Findens zu erleben.

Nun – genau so nimmt der Schneider die Eroberung der Welt in Angriff – und „den Weg zwischen die Beine". Und er starrt dabei nicht traumverloren in den Himmel, sondern bleibt fest auf dem Boden *seiner* Realität. (Daß die vielleicht ein bißchen anders aussieht als die anderer Leute, mag zunächst nur mal dahingestellt sein.) Das zeigt auch sein Verhalten beim Aufbruch.

„Eh er abzog, suchte er im Haus herum, ob nichts da wäre, was er mitnehmen könnte; er fand aber nichts als einen alten Käse, den steckte er ein. Vor dem Tore bemerkte er einen Vogel, der sich im Gesträuch gefangen hatte; der mußte zu dem Käse in die Tasche."

Mit einem alten Käse und einem gefangenen Vogel ausgerüstet und geschmückt mit einer Schärpe, deren Aufschrift das Ausmaß seines Selbstvertrauens geradezu ins Groteske, weil Größenwahnsinnige, steigern würde, wenn da Absicht, also Bewußtheit dahintersteckte, läuft er schnurstracks auf seine erste Bewährungsprobe zu.

Wer wohl ist überhaupt in der Lage, sich mit der Tapferkeit und den Leistungen des Schneiders zu messen? Das muß schon ein außergewöhnlicher, ein großer Mann sein. Es ist ein Riese, der erste aus einer Riesen-Gesellschaft, die dem Schneider auf seiner Weltenwanderschaft noch begegnen wird.

„Der Weg führte ihn auf einen Berg, und als er den höchsten Gipfel erreicht hatte, so saß da ein gewaltiger Riese und schaute sich gemächlich um. Das Schneiderlein ging beherzt auf ihn zu, redete ihn an und sprach: ‚Guten Tag, Kamerad, gelt, du sitzest da und besiehst dir die weitläufige Welt? Ich bin eben auf dem Wege dahin und will mich versuchen. Hast du Lust, mitzugehen?' "

Man spürt, der Schneider fände Gefallen an der Gesellschaft des Riesen. Er scheint ihm so ein Kerl von *seinem* Schlag und nach seinem Geschmack zu sein. Aber der Riese semmelt ihm erst mal eine rein: Für ihn gibt es wohl doch beträchtliche Größen- und Rangunterschiede zwischen ihm und diesem zwergenhaften Schneider.

„Der Riese sah den Schneider verächtlich an und sprach: ‚Du Lump! Du miserabler Kerl!' "

Die allzu kameradschaftliche Anrede des Schneiderleins scheint ihn sehr verärgert zu haben. Einen Riesen zu verärgern, ist aber immer auch eine ziemlich gefährliche Angelegenheit; denn wenn der zuhaut, nützt einem das stärkste Selbstbewußtsein nichts mehr. Das weiß auch der Schneider – und ganz im geheimen war ihm die ganze Zeit über schon nicht ganz wohl; denn er mußte bei der Begegnung sein Herz in beide Hände nehmen, um seiner Angst Herr zu werden. „Beherzt", heißt es, ging er auf den Riesen zu. Daß er dann noch einfach „Kamerad" zu dem riesigen Kerl sagt, läßt den erst recht wütend werden.

Wer ist denn nun aber dieses behäbige und arrogante

Ungeheuer, der Riese? Dem Schneider, so zeigt die Geschichte, steht die Welt noch offen, ihm ist das Leben eine einzige Herausforderung. Der gewaltige große Mensch dagegen, der schon auf dem Gipfel sitzt und selbstzufrieden das Terrain überblickt, in das der Kleine eindringt, dieser Großgewachsene, ist das nicht der Erwachsene, gesehen mit den Augen des Kindes? Es mißfällt ihm außerordentlich, von dem Schneiderlein wie seinesgleichen behandelt zu werden. Schließlich ist er wer! Und den großspurig auftretenden Zwerg wird er erst mal in seine Ordnung verweisen.

Starr und unüberwindlich dasitzend wie ein Felsbrokken, scheint er keinesfalls bereit, der nachfolgenden Generation, die erst auf ihrem Weg in die Welt ist, kampflos das Feld zu räumen. Zunächst versucht er es mal mit Einschüchterung: „Du bist ja noch viel zu klein; solange du die Füße unter meinen Tisch streckst, hast du zu tun, was ich dir sage. Werde du erst mal was ...“ Der Große stellt dem Kleinen deshalb schier unlösbare Aufgaben, bevor er bereit ist, ihn als gleichwertig zu akzeptieren:

„Der Riese las: Siebene auf einen Streich, meinte, das wären Menschen gewesen, die der Schneider erschlagen hätte, und kriegte ein wenig Respekt vor dem kleinen Kerl. Doch wollte er ihn erst prüfen, nahm einen Stein in die Hand und drückte ihn zusammen, daß das Wasser heraustropfte. – ‚Das mach mir nach‘, sprach der Riese, ‚wenn du Stärke hast.‘ – ‚Ist's weiter nichts‘, sagte das Schneiderlein, ‚das ist bei unsereinem ein Spielwerk‘, griff in die Tasche, holte den weichen Käs und drückte ihn, daß der Saft herauslief. ‚Gelt‘, sprach er, ‚das war ein wenig besser?‘ – Der Riese wußte nicht, was er sagen sollte, und konnte es von dem Männlein nicht glauben. Da hob der Riese einen Stein auf und warf ihn so hoch, daß man ihn mit den Augen kaum noch sehen konnte: ‚Nun, du Erpelmännchen, das tu mir nach.‘ – ‚Gut geworfen‘, sagte der Schneider, ‚aber der Stein hat doch wieder zur Erde herabfallen müssen; ich will

dir einen werfen, der soll gar nicht wiederkommen', griff in die Tasche, nahm den Vogel und warf ihn in die Luft. Der Vogel, froh über seine Freiheit, stieg auf, flog fort und kam nicht wieder."

Die dritte Prüfung bestand darin, zusammen mit dem Riesen einen Baum fortzutragen.

„Der Riese nahm den Stamm auf die Schulter, der Schneider aber setzte sich auf einen Ast, und der Riese, der sich nicht umsehen konnte, mußte den ganzen Baum und das Schneiderlein noch obendrein forttragen. Es war da hinten ganz lustig und guter Dinge, pfiff das Liedchen: Es ritten drei Schneider zum Tore hinaus, als wäre das Baumtragen ein Kinderspiel."

Das Schneiderlein rechtfertigt also sein selbstbewußtes Auftreten durch die Art und Weise, wie es die Prüfungen besteht, die ihm der Riese auferlegt. Natürlich könnte man sagen, es habe einfach Glück gehabt, indem es gerade die Dinge bei sich trug, die ihm nützlich waren. Aber in den Märchen ist bis zu den letzten Kleinigkeiten nie etwas zufällig, sondern alles hat seinen Sinn und seine Funktion. Deshalb hat der kleine Kerl auch nicht zufällig den Käse und den Vogel bei sich, sondern er hat eben vorausgedacht, hat sich gerüstet für mögliche Prüfungen. Selbst in dem Moment, da er glaubte, „die Werkstatt sei zu klein für seine Tapferkeit", behält er den Blick für die Realitäten und sucht nach nützlichen Dingen, bevor er losgeht, findet aber nichts Verwertbares außer einem alten Käse. Selbst der ist ihm aber lieber als nichts, und ebenso geht es mit dem Vogel, frei nach dem Motto: Besser ein Spatz in der Hand als die Taube auf dem Dach.

Es ist wichtig, sich dies vor Augen zu halten, weil das Verhalten des Schneiders zunächst einmal die Einschätzung: „Der ist doch größenwahnsinnig" nahelegt. In seinem Selbstverständnis als Held erscheint er wirklich reichlich grotesk; denn worauf gründet es schließlich? Auf nicht mehr und nicht weniger als sieben tote Fliegen – da muß einer doch schon ganz schön „verrückt“ sein, um sich darauf etwas einzubilden.

Es wird aber auch zunehmend deutlich, daß er tatsächlich das Zeug zu einem Helden hat. Diesen scheinbaren Widerspruch müssen wir als Grundlage unserer Deutung im Auge behalten. Die weiteren Prüfungen, die noch auf das tapfere Schneiderlein zukommen werden, beweisen, daß er es nicht einfach irgendeinem Glücksfall zu verdanken hat, daß er jedesmal heil davonkommt und schließlich auch noch reichen Lohn erringt, sondern einzig und allein sich selbst, seiner Schlauheit, seinem Selbstvertrauen und seinem Mut.

So geht es auch den Kindern: den Glauben, die Anlage zum Helden in sich zu tragen, muß einfach jedes Kind haben. Ist man nicht wie das „tapfere Schneiderlein“, so couragiert und naiv zugleich, dann nehmen die Schwierigkeiten und Beschwerlichkeiten des Lebens schnell Riesen-Ausmaße an, denen gegenüber man sich völlig hilflos fühlt. Sicher ist das Selbstvertrauen, das der kleine Schneider an den Tag legt, ver-rückt, nämlich jenseits normaler Maßstäbe, „über alle Maßen“ groß nämlich, aber das schadet ihm nicht, wie uns das Märchen zeigt. Auch die Kinder schwelgen gerne in Größen- und Allmachtsphantasien, was ihnen unbenommen sei, ja, was ihnen eben vielleicht gerade erst die Kraft gibt, sich im Alltag zu beweisen.

Daß der Schneider die Rolle eines Kindes spielt, wird gerade in diesem Teil des Märchens deutlich, wo er seine Erfahrungen mit den Riesen und ihrer Bösartigkeit und Gewalttätigkeit macht. Das Märchen spricht auch wiederholt von dem Schneiderlein als dem „Männlein“, dem „kleinen Kerl“ oder dem „kleinen Mann“.

Die erste Etappe seines Weges, die durch die Erlebnisse mit den Riesen geprägt wird, bringt das Schneiderlein noch einmal in große Gefahr: Es folgt dummerweise der Einladung des Riesen, in seiner Höhle zu übernachten. Es ist also noch allzu vertrauensselig, eben noch sehr kindlich. Auch hier sieht es im flüchtigen Rückblick so aus, als habe sein Schutzengel ihn gerettet; denn nachts haut der Riese mit einer großen Eisenstange das Bett entzwei, im Glauben, der Kleine liege darin und schlafe. Der jedoch hat sich in einer dunklen Ecke zusammengerollt und schläft dort, weil er der Meinung war, das Bett sei zu groß für ihn. So entgeht er dem Anschlag.

Die Einsicht, daß das Bett zu groß für ihn sei, ist ebenso verblüffend wie aufschlußreich. Verblüffend deshalb, weil man sich zwar gut vorstellen kann, daß ein Bett zu klein ist, um gut darin zu schlafen – aber schlecht, daß es zu groß sei. Aufschlußreich ist auch dieses Detail für des Schneiders Fähigkeit zur richtigen Situationseinschätzung – und zur Selbsterkenntnis. Er weiß, daß er (noch) klein ist, daß bestimmte Dinge noch nicht zu ihm „passen". Seine Größenphantasien geben ihm nur den Mut, seine Wanderschaft überhaupt anzutreten und nicht vor den Hindernissen zu kneifen, die sich ihm in den Weg stellen – und aus den Fehlern wird er lernen.

Es leuchtet an dieser Stelle wohl auch ein, weshalb man einem Kind nicht den Willen brechen, es gefügig machen darf. Woher soll es dann noch den Mut nehmen, sich die Welt zu erobern, mit den Riesen zu kämpfen? Das tapfere Schneiderlein kann die Riesen nur überwinden, David den Goliath nur besiegen, wenn er eine gehörige Portion Selbstvertrauen hat. Das aber ist den braven und allzu gehorsamen Kindern meist ordentlich ausgetrieben worden.

Der Triumph des Schneiderleins über die Riesen ist rein moralischer Natur; denn diese erschrecken sich fast zu Tode, als sie am nächsten Morgen das Schneiderlein lustig im Wald daherspazieren sehen (sie glauben ja, es läge tot im Bett), aber darüber hinaus hat der Schneider nichts errungen. Deshalb kann das Märchen auch noch nicht nach dieser ersten „Riesen-Geschichte" aufhören, obwohl uns sein Sinn schon recht einleuchtet.

Denn im Märchen ist der Glanz eines Helden, dem es um Kraft und Tapferkeit geht, erst dann vollkommen, wenn er am Ende ein Königreich und eine Königin gewonnen hat – das heißt: erwachsen und „souverän" geworden ist. Das wird uns durch die Gründung einer (Königs-)Familie anschaulich gemacht. „Das tapfere Schneiderlein" ist ein Märchen, das sowohl vom Stil als auch vom Inhalt her eine amüsante Variante dieses Märchentyps bietet, weil hier zum Schluß ein armer Schneider zum König wird. Aber zunächst müssen noch viele Jahre ins Land gehen: So schnell geht das nicht mit der Souveränität.

„Das Schneiderlein zog weiter, immer seiner spitzen Nase nach. Nachdem es lange gewandert war, kam es an den Hof eines königlichen Palastes, und da es Müdigkeit empfand, so legte es sich ins Gras und schlief ein. Während es dalag, kamen die Leute, betrachteten es von allen Seiten und lasen auf dem Gürtel: ‚Siebene auf einen Streich.' ‚Ach', sprachen sie, ‚was will der große Kriegsheld hier mitten im Frieden? Das muß ein mächtiger Herr sein.' – Sie gingen und meldeten es dem König und meinten, wenn Krieg ausbrechen sollte, wäre das ein wichtiger und nützlicher Mann, den man um keinen Preis fortlassen dürfte."

Nachdem das Schneiderlein auf dem ersten Teil seiner Reise wichtige Erfahrungen mit den Riesen gesammelt hat, muß es noch lange herumwandern, bis es als „Herr" an einen Königshof kommt. Die Episoden, die jetzt folgen, beschreiben die Probleme einer späteren Lebensphase, wenn man das Märchen auf kindliche Lebensverhältnisse überträgt.

Die Leute, die das Schneiderlein im Schlaf betrachten, halten es für einen Kriegshelden, für einen mächtigen Herrn. Nun droht das Verhängnis nicht mehr, weil es so klein und schwach ist, daß die anderen es nicht ernst nehmen, sondern aufgrund seiner scheinbaren Macht und der *Furcht,* die sein Ruf verbreitet. Furcht, Neid und Eifersucht der übrigen Kriegsleute bringen den König auch dazu, den so ehrenvoll Empfangenen sich bald wieder vom Hals schaffen zu wollen; denn seine Gefolgsleute drohen ihm – des Neuankömmlings wegen – den Dienst aufzukündigen. Sie wollen nicht in seinem Schatten stehen. Es scheint, daß dem tapferen Schneiderlein nun gerade seine „Heldenhaftigkeit" – und sein darin begründeter großer Ruhm – zum Fallstrick wird.

Der König sinnt auf eine Möglichkeit, den ungeliebten Gast wieder loszuwerden, ohne daß der ihm alles kurz und klein schlägt. Er macht das Angebot, „weil er so ein großer Kriegsheld wäre", ihm seine Tochter und das halbe Königreich zu geben, wenn er zwei Riesen töte, die im Walde hausten und alles verwüsteten. Hundert Reiter wolle er ihm zur Verstärkung mitgeben.

Die Schmeicheleien hat das Schneiderlein nicht nötig; denn wenn ihm auf seiner langen Reise eines nicht verloren gegangen ist, dann sein Selbstbewußtsein. Wer sich als Held fühlt – und zudem die Riesen ja schon kennt und weiß, wie sie zu nehmen sind – braucht sich vor zwei weiteren Exemplaren dieser grobschlächtigen Gattung nicht zu fürchten.

„O ja", gab er zur Antwort, „die Riesen will ich schon bändigen und habe die hundert Reiter dabei nicht nötig. Wer siebene auf einen Streich trifft, braucht sich vor zweien nicht zu fürchten."

Man sieht, seine bisherige Lebenserfahrung hat seinem Glauben an sich selber noch keinen Abbruch getan. Das ist nicht verwunderlich; denn seine außergewöhnliche Heldenhaftigkeit liegt ja gerade darin, daß sie keineswegs – wie bei „normalen" Helden – auf physische Stärke aufbaut. Nicht Körperkraft machte ihn zu einem großen und gefürchteten Herrn, sondern seine Gewitztheit und seine guten Beziehungen zu sich selber, also psychische Gesundheit und Intelligenz. Alle seine Heldentaten sind schließlich ungewalttätiger Natur – sieht man von dem „brutalen Schlag“ gegen die Fliegen ganz zu Beginn der Geschichte einmal ab. Nur weil seine Umwelt auf Roheit und Gewalt eingestellt ist, kann sie ihm auch so sehr auf den Leim gehen. In Wirklichkeit ist der Schneider sogar ein Gegen-, ein Anti-Held: Er ist seinen Zeitgenossen immer eine Nasenlänge voraus, indem er ihre Maßstäbe und Mittel kennt, und seine ganz persönliche Antwort darauf findet.

So auch in dem Stückchen, das er nun mit den beiden Riesen aufführt – ein raffiniertes taktisches Manöver, das von vielen Politikern (und Nicht-Politikern) heute noch meist vergeblich nachzuspielen versucht wird: Er nützt die Zerstörungswut der beiden Kolosse für seine Zwecke aus und bringt sie dazu, sich gegenseitig zu bekriegen. Als sie sich schließlich wechselseitig den Garaus gemacht haben, springt das Schneiderlein wieder vom Baum herab, auf dem es sich verborgen gehalten hatte:

„Ein Glück nur“, sprach es, „daß sie den Baum, auf dem ich saß, nicht ausgerissen haben, sonst hätte ich wie ein Eichhörnchen auf einen anderen springen müssen: doch unsereiner ist flüchtig.“

Ein Held, der sein Glück in der Flucht sucht, hat normalerweise sein Ansehen verspielt – den „flüchtigen“ Charakter des Schneiderleins kennt jedoch keiner, denn der Schneider flüchtet nicht vor der gefährlichen Situation, sondern nur vor der Gewalt. Er weiß, daß die nicht seine Methode sein kann, er weiß aber auch, daß die Dummheit in der Welt immer noch dafür sorgt, daß Gewaltmenschen zu Helden erhoben werden. Daß er nie der Illusion erlegen ist, ein solcher, mit besonderen Fähigkeiten ausgestatteter Kraftmensch zu sein (im Gegensatz zu seinen Mitmenschen, die ja dieses Bild von ihm haben), sichert ihm unsere uneingeschränkte Hochachtung, auch wenn einem manchmal leid tut, wie er die Leute verhohnepiepelt. So liefert er den wartenden hundert Reitersleuten die entsprechende Story von der großen Not der Riesen, sich gegen ihn zu wehren, und daß sie in ihrer Verzweiflung gar Bäume ausgerissen hätten.

Aber der König steht nicht zu seinem Wort; noch zweimal verlangt er vom Schneiderlein eine weitere Bewährungsprobe, ehe er sein Versprechen einlöst. Einmal muß unser Held ein Einhorn fangen, das andere Mal ein Wildschwein. Auch diese Aufgaben erledigt er in gewohnter Manier: Das Einhorn bringt er dazu, sein Horn in einen Baum zu stoßen – indem er sich zunächst als Angriffspunkt darbietet, um dann in letzter Sekunde hinter einen Baum zu springen – und das Wildschwein lockt er, wiederum unter Einsatz seines eigenen Lebens, in eine Kapelle und hält es dort gefangen. Nun muß der König ihm endlich das halbe Reich geben und seine Tochter zur Frau. Aber bald passieren seltsame Dinge:

„Nach einiger Zeit hörte die junge Königin in der Nacht, wie ihr Gemahl im Traume sprach: ‚Junge, mach mir das Wams und flick mir die Hosen, oder ich will dir die Elle über die Ohren schlagen.' – Da merkte sie, in welcher Gasse der junge Herr geboren war, klagte am anderen Morgen ihrem Vater ihr Leid und bat, er möchte ihr von dem Manne helfen, der nichts anderes als ein Schneider wäre."

Ja, jetzt ist das Schneiderlein zum König gemacht worden – normalerweise ist damit in den Märchen alles zu seinem guten Ende gekommen. Nicht so hier; denn die Fähigkeit zum Bluff, die es bisher so ausgezeichnet bewiesen hat, reicht nicht zum Königsein aus. Wenn einer im Märchen zum König wird, so heißt das immer, daß er die Herrschaft über sein ihm rechtmäßig zugehörendes Reich, sprich: sich selber, angetreten hat, also souverän geworden ist. Zur persönlichen Souveränität gehört aber unbedingt, zu dem zu stehen, was man ist. Wenn der König Symbol für dic reife, erwachsene Persönlichkeit ist, die die Herrschaft über das Reich der eigenen Seele ausübt, dann reicht es natürlich nicht, König *geworden* zu sein auf der Basis eines Lügengewebes. Das tapfere Schneiderlein, in all seinen *bewußten* Fähigkeiten so fit und unschlagbar, verrät sich *unbewußt,* nämlich im Traum. Daß der Schneider, der zum König wurde, seine steile Karriere seiner guten Menschen- wie Selbstkenntnis verdankt, ist deutlich geworden. Er hat gelernt, was die anderen beeindruckt und ihnen die entsprechenden Ergebnisse geliefert. Aber das ist nicht genug. Zum wirklichen Heldentum gehört eben auch der allergrößte Mut, und das ist der zur persönlichen Offenheit. Und die Art und Weise, wie der Schneider am Schluß diese Offenheit mit der ihm eigenen Schlauheit koppelt und so alles für ihn zu einem guten Ende kommt, ohne daß ein einziger Tropfen Blut vergossen wird, das ist geradezu genial und beweist seine Eignung zum König:

„Der treue Waffenträger hinterbrachte seinem Herrn, dem tapferen Schneiderlein, die Mordpläne des alten Königs und seiner Tochter. Abends legte es sich zu gewöhnlicher Zeit mit seiner Frau zu Bett; als sie glaubte, es sei eingeschlafen, stand sie auf, öffnete die Türe und legte sich wieder. Das Schneiderlein, das sich nur stellte, als wenn es schliefe, fing an mit heller Stimme zu rufen: ‚Junge, mach mir das Wams und flick mir die Hosen, oder ich will dir die Elle über die Ohren schlagen! Ich habe siebene mit einem Streich getroffen, zwei Riesen getötet, ein Einhorn fortgeführt und ein Wildschwein gefangen und sollte mich vor denen fürchten, die draußen vor der Kammer stehen?' – Als diese den Schneider also sprechen hörten, überkam sie eine große Furcht; sie liefen, als wenn das wilde Heer hinter ihnen wäre, und keiner wollte sich mehr an ihn wagen. Also war und blieb das Schneiderlein sein Lebtag ein König."

Der Schneider bleibt König, weil er tapfer ist und klug und weil er so, wie er ist – und mit seiner Herkunft – sich Respekt verschaffen kann.

Es gibt keinen vorgezeichneten Weg, sondern nur das Vertrauen in die eigene Kraft und den Mut zum Vorwärtsgehen, wenn man das Leben bestehen will. Tricks und Kniffe sind dabei nicht verboten, nur darf man in dem Bemühen, Respekt und Ansehen zu erlangen, sich nicht selber aus den Augen verlieren und seine Seele verkaufen.

Dem Kind, das das Märchen hört oder liest, wird der Mut zugesprochen, an sich und seine eigene Heldenhaftigkeit zu glauben und daran, daß es die Schwierigkeiten bewältigen kann, die auf es zukommen werden. An die Eltern enthält es die Mahnung, ihren Kindern deren Eigenarten zu lassen – auch wenn die Mittel und Wege, mit denen sie die Probleme angehen, nicht die üblichen sind. Auch die Eltern müssen an ihre Kinder glauben. Das ist das schönste Geschenk, das sie ihnen machen können. Man darf nicht mit roher Gewalt vorgehen, wie die Riesen, wenn man seinem Kind das Beste lassen will, was es haben und bekommen kann: Vertrauen in sich selbst und seine eigene Kraft.

Pubertät und Selbstfindung

»DIE BIENENKÖNIGIN«

Selbst wenn ein Kind aufgeweckt ist, kommt es sich doch manchmal hilflos und dumm vor angesichts der Komplexität der Lebensverhältnisse. Gerade während der Pubertät und der vorpubertären Phase ist die Unsicherheit darüber, was gut und schlecht, falsch oder richtig ist, groß. Die Fraglosigkeit bisheriger Werte gerät ins Wanken: Woran soll man glauben, nach welchen Richtlinien sich verhalten? Man erkennt, daß angepaßtes, nach außen gerichtetes, scheinbar „cleveres" Verhalten oft zwar momentanen Erfolg, aber wenig dauerhafte Befriedigung und Glück bringt. Andererseits möchte aber auch niemand für naiv und einfältig gelten –, gerade jetzt nicht, wo man sich doch schon fast erwachsen fühlt.

Den Mittelweg zu finden, sowohl auf die innere Stimme zu hören als auch die von außen kommenden Erfordernisse nicht aus den Augen zu verlieren, ist nicht immer einfach.

„Die Bienenkönigin“ ist zwar ein weniger gut bekanntes Stück aus der Sammlung der Brüder Grimm, aber es ist ganz typisch für eine Reihe von Märchen, in denen der Held der jüngste von drei Brüdern ist und scheinbar ein Dummkopf. In dem Märchen „Die drei Federn“ heißt es:

„Es war einmal ein König, der hatte drei Söhne, davon waren zwei klug und gescheit, aber der dritte sprach nicht viel, war einfältig und hieß nur der Dummling ...“

Auch in dem Märchen „Die goldene Gans“ ist der jüngste Bruder bedauernswert:

„Es war ein Mann, der hatte drei Söhne, davon hieß der jüngste Dummling und wurde verachtet und verspottet und bei jeder Gelegenheit zurückgesetzt ...“

Eine ähnliche Ausgangssituation liegt auch im „Gestiefelten Kater“ vor, wo das Erbe, das der Vater seinen drei Söhnen hinterläßt, deutliche Aussagen über ihren unterschiedlichen Status innerhalb der Familie macht: Der Älteste erbt die Mühle, der zweite den Esel und der dritte die Katze. Dennoch macht nur der jüngste Sohn sein Glück, mehr noch: Er wird sogar König – und hat dies ausschließlich sich selbst und seiner Katze zu verdanken.

Dies ist auch die entscheidende Verbindung zwischen all diesen „Dummlings-Märchen“: Am Anfang verachtet, werden die dritten und jüngsten Söhne sich allen Widerständen zum Trotz als die eigentlichen Helden erweisen.

Auch in der „Bienenkönigin“ ist das so. Darüber hinaus stecken in diesem Märchen aber noch viele andere interpretationsträchtige Motive, wie zum Beispiel die Erlösung der schlafenden Königstochter samt ihrem erstarrten Schloß, die wir aus „Dornröschen“ oder „Schneewittchen“ kennen. Dadurch ist es sehr ergiebig für unsere Deutungsversuche.

„Zwei Königssöhne gingen einmal auf Abenteuer und gerieten in ein wildes, wüstes Leben, so daß sie gar nicht wieder nach Hause kamen. Der Jüngste, welcher der Dummling hieß, machte sich auf und suchte seine Brüder; aber wie er sie endlich fand, verspotteten sie ihn, daß er mit seiner Einfalt sich durch die Welt schlagen wollte, und sie zwei könnten nicht durchkommen und wären doch viel klüger ...“

Oft geht es bei diesem Märchentyp so wie hier: Die beiden älteren Brüder ziehen zu einer Unternehmung in die Welt und bleiben dann verschollen, so daß der „Dummling“ sich auf die Suche nach ihnen machen muß. Unsere klugen Ältesten hier führen gar ein wildes, wüstes Leben, das heißt, sie gehen nur ihrem Vergnügen nach, streifen richtungslos und ohne wirkliches Ziel durch die Welt. Ein solch „ausschweifendes“ Leben führen, bedeutet aber immer auch: „an der Oberfläche bleiben“, „sich zerstreuen“ und damit: sich verlieren.

Das ist auch der Grund, warum der einfältige Dummling sie suchen muß; denn sie scheinen von selbst nicht mehr „zurück“ zu finden, nach Hause zu kommen. In den anderen Märchen dieser Art geht es oft um das ungelöste Problem der Thronfolge, wenn die Söhne in die Welt ziehen, um bestimmte, meist vom Vater gestellte Aufgaben zu lösen. Derjenige, der die Bewährungsprobe am erfolgreichsten bestanden hat, ist dann der rechtmäßige Nachfolger, gleichgültig, ob es sich um ein Königreich oder „nur“ um eine Mühle handelt.

In jedem Fall scheinen die beiden älteren und „klügeren“ Brüder die weitaus größeren Chancen im Leben zu haben als der Letztgeborene, und da sie das wissen, haben sie für den „Kleinen“ meist nur Spott übrig. Keiner traut ihm etwas zu, noch nicht einmal sein eigener Vater (wenn er im Märchen auftaucht) – und er muß sich manchmal gegen dessen ausdrücklichen Wunsch auf den Weg machen.

Immer aber kommt es ganz anders, als alle erwarten: Der „Kleine“ stellt die „Großen“ in den Schatten – ihr Hochmut bringt sie zu Fall. Alle beide versagen kläglich. Kein Wunder, denn sie sind sich sehr ähnlich, denken und handeln nach demselben Muster. Der Jüngste jedoch ist aus einem anderen Holz geschnitzt. Warum das so ist, daß die beiden älteren sich in ihrer Art so sehr gleichen und der Dummling so ganz anders ist, wird uns noch beschäftigen.

Wenn wir uns die Familienkonstellation der Dummlingsmärchen etwas genauer ansehen, werden wir feststellen, daß es sich hier um einen reinen Männerhaushalt handelt: um Vater und Söhne. Selbst wenn die Mutter auftaucht, spielt sie nur eine unbedeutende Rolle. Es scheint also um ein typisches Männerthema zu gehen: Es geht um Leistungswettbewerb und Konkurrenz – und um Frauen (in Form von Prinzessinnen). In unserem Märchen hier geht es aber um noch mehr, wie der Fortgang der Geschichte zeigen wird: Es geht auch um die Frage der „Selbst-Verwirklichung“, den Bezug zu sich selbst, zur eigenen Natur. Dies führt uns das Märchen schon gleich zu Beginn vor Augen:

„Sie zogen alle drei miteinander fort und kamen an einen Ameisenhaufen. Die zwei ältesten wollten ihn aufwühlen und sehen, wie die kleinen Ameisen in ihrer Angst herumkröchen und ihre Eier forttrügen, aber der Dummling sagte: ‚Laßt die Tiere in Frieden, ich leid's nicht, daß ihr sie stört.‘ – Da gingen sie weiter und kamen an einen See, auf dem schwammen viele, viele Enten. Die zwei Brüder wollten ein paar fangen und braten, aber der Dummling ließ es nicht zu und sprach: ‚Laßt die Tiere in Frieden, ich leid's nicht, daß ihr sie tötet.‘ – Endlich kamen sie an ein Bienennest, darin war so viel Honig, daß er am Stamm herunterlief. Die zwei wollten Feuer unter den Baum legen und die Bienen ersticken, damit sie den Honig wegnehmen könnten. Der Dummling hielt sie aber wieder ab und sprach: ‚Laßt

die Tiere in Frieden, ich leid's nicht, daß ihr sie verbrennt!' "

Die beiden älteren Brüder, die sich so klug vorkommen, wirken unreif und flegelhaft, als wüßten sie nicht, was sie tun. Sie erinnern an verwahrloste Jugendliche, die ihre Zeit und ihre Kraft (noch) nicht sinnvoll einsetzen können. Ihr oberflächliches, nach außen gerichtetes Leben ist ohne Tiefgang und „Natürlichkeit", Natürlichkeit in dem Sinne, daß sie eben keine Beziehung zur Natur haben: Tiere sind für sie nur Objekte ihres sadistischen Vergnügens oder eben: ein schmackhafter Braten.

Ganz anders der jüngste Bruder: Seine scheinbare „Einfalt" wirkt auf uns eher als Ernsthaftigkeit und Verantwortungsbewußtsein. Er ist ein besonnener und sympathischer junger Mann, der weiß, was er will – und was er nicht will. Im Gegensatz zu seinen Brüdern läßt er sich bei seinem Handeln von seinem Verantwortungsgefühl leiten: Anfangs macht er sich Sorgen um seine Geschwister und sucht sie. Dann rettet er die Tiere, die sonst seinen Brüdern zum Opfer gefallen wären. Mit den immer gleichen Worten: „Laßt die Tiere in Frieden, ich leid's nicht, daß ..." hält er sie davon ab und tut dies eigentlich sehr souverän und überzeugend; denn seine großen Brüder fügen sich ihm, dem Kleinen, ohne Widerspruch. Sie scheinen zu spüren, daß er ihnen etwas voraus hat: Während ihre kurzsichtige Vergnügungssucht ihnen den Blick hinter die Kulissen versperrt, folgt der Dummling einem inneren Wissen von dem, was richtig und falsch ist. Dieses Wissen, die Möglichkeit, in sich selber hineinzuhören und dort zu erfahren, wie man handeln soll, fehlt den beiden älteren. Deshalb müssen sie auch darüber klagen, daß sie im Leben nicht zurechtkämen, obwohl sie doch so „klug" seien. Aber ihre Klugheit ist eben reine „Schlauheit" („Intelligenz" wird man das heute vielleicht nennen) und keine „Weisheit". So etwas wie „Charakter" oder persönliche Stärke geht ihnen völlig ab, ohne Lebensplan lassen sie sich richtungslos treiben.

Und so treibt sie das Leben geradewegs auf ihre erste Bewährungsprobe zu; im Märchen heißt es: Sie zogen fort „und kamen an einen Ameisenhaufen". Sie scheinen geradewegs darauf zuzusteuern. Sie kommen nicht einfach zufällig daran vorbei, sondern ihr Weg führt sie just bis zu genau diesem Punkt, und hier erleben die beiden Älteren ihr erstes Versagen.

In zwei weiteren vergleichbaren Situationen beweisen sie jedesmal ihre Unfähigkeit, zu sehen, worauf es ankommt. Damit ist aber auch ihr weiteres Scheitern im Märchen schon vorprogrammiert. Der Dummling dagegen in seiner Einfalt nimmt die Existenz der Tiere, denen er begegnet, ernst, respektiert sie und ihren Lebensraum und erweist somit sein gutes Verhältnis zur Natur.

Ein gutes Verhältnis zur Natur haben, heißt im Märchen aber immer auch: eine gute Beziehung haben zur eigenen Natur, zu sich selbst in der eigenen instinkthaft-tierischen Bedingtheit. Der Dummling hat einen Zugang zu seiner animalischen Natur, und diese seine Natur kommt ihm später bei der Bewältigung weiterer Aufgaben zu Hilfe: Die Ameisen, die Enten und die Bienen, die er vor den bösen Absichten seiner Brüder bewahrt hatte, werden ihm bei den entscheidenden Lebensaufgaben helfen.

„Endlich kamen die drei Brüder in ein Schloß, wo in den Ställen lauter steinerne Pferde standen, auch war kein Mensch zu sehen, und sie gingen durch alle Säle, bis sie vor eine Tür ganz am Ende kamen, davor hingen drei Schlösser; es war aber mitten in der Türe ein Lädlein, dadurch konnte man in die Stube sehen. Da sahen sie ein graues Männchen, das an einem Tisch saß. Sie riefen es an, einmal, zweimal, aber es hörte nicht; endlich riefen sie zum drittenmal, da stand es auf, öffnete die Schlösser und kam heraus. Es sprach aber kein Wort, sondern führte sie zu einem reichbesetzten Tisch; und als sie gegessen und getrun-

ken hatten, brachte es einen jeglichen in sein eigenes Schlafgemach.“

Die Beschreibung dieses versteinerten Schlosses rührt einen seltsam an. Einerseits birgt diese Stille und Unbeweglichkeit eine große Spannung, so, als würde hinter der nächsten Ecke ein großes Untier zum Sprung ansetzen, aber gleichzeitig überrieseln einen auch Schauder des Grauens angesichts dieser bleichen Todesstarrheit.

Doch die Friedhofsstille täuscht, die Brüder werden schon erwartet: der Tisch ist reich für sie gedeckt und ihr Bett bereitet. Dennoch müssen sie dreimal das graue Männlein rufen, bevor es sie hört – auch das Männchen scheint also unter dem Bann zu stehen, der über das ganze Schloß gelegt ist: Es ist unnatürlich grau, es spricht kein einziges Wort, und es reagiert erst bei der magischen Dreizahl. Seltsam: Es sind *drei* Brüder, die in die Welt ziehen. Auf der ersten Etappe des Weges haben sie *drei* Begegnungen mit Tieren. Dann kommen sie an ein Schloß, das ebenfalls ganz unter dem magischen Zeichen der Drei zu stehen scheint: *drei* Schlösser, *dreimal* rufen, *drei* weitere Aufgaben und *drei* Königstöchter. Dies deutet darauf hin, daß hier die Zahl drei einen Symbolwert hat, und zwar einen wichtigen. Auch auf den Symbolwert der Zahl drei werden wir noch näher eingehen, aber zunächst wollen wir sehen, was im Schloß noch alles passiert:

„Am anderen Morgen kam das graue Männchen zu dem Ältesten, winkte und leitete ihn zu einer steinernen Tafel, darauf standen drei Aufgaben geschrieben, wodurch das Schloß erlöst werden könnte. Die erste war: In dem Wald unter dem Moos lagen die Perlen der Königstochter, tausend an der Zahl, die mußten aufgesucht werden, und wenn vor Sonnenuntergang noch eine einzige fehlte, so ward der, welcher gesucht hatte, zu Stein. Der Älteste ging hin und suchte den ganzen Tag, als aber der Tag zu Ende war,

hatte er erst hundert gefunden; es geschah, wie auf der Tafel stand, er ward in Stein verwandelt. Am folgenden Tag unternahm der zweite Bruder das Abenteuer: Es ging ihm aber nicht viel besser als dem ältesten, er fand nicht mehr als zweihundert Perlen und ward zu Stein. Endlich kam auch an den Dummling die Reihe, der suchte im Moos, es war aber so schwer, die Perlen zu finden, und ging so langsam.

Da setzte er sich auf einen Stein und weinte.“

Die erste Aufgabe, die erledigt werden muß, um das Schloß zu erlösen, bezieht sich auf die Kleinodien einer Königstochter, von der wir bislang im Märchen noch nichts gehört haben. Das verzauberte Schloß scheint also in seinem Inneren einen „Schatz“ zu beherbergen. Von diesem wahren „Schatz“ der Prinzessin selber wissen wir nur soviel, als daß ihre Juwelen, ihre Perlen, „in dem Wald unter dem Moos“ versteckt liegen – und gefunden werden müssen. Sie zu finden, ist die erste Bedingung für die Erlösung des Schlosses – und wie wir jetzt annehmen dürfen – auch der Königstochter. Das Problem ist nur, daß es so *viele* Perlen sind – tausend Stück, und sie alle müssen an einem Tag gefunden werden!

Das Scheitern der beiden Brüder beweist uns, daß man diese Aufgabe nicht mit reiner Intelligenzleistung, mit Klugheit im Sinne von „Schlauheit“, also den Eigenschaften, die die älteren Brüder verkörpern, schaffen kann. Nur ein Wunder, also ein rational nicht erklärbarer Vorgang, kann hier helfen.

Nun ist das „Wunderbare“ in den Märchen ja schon fast wieder etwas „Normales“. Aber die Wunder passieren auch in den Märchen nur dann, wenn die Not am größten ist. Auch beim Dummling passiert das Wunderbare erst in dem Moment, da er der Verzweiflung nahe ist; denn so sehr er sich auch bemüht (und das ehrliche Bemühen ist immer die Vorbedingung für den Eintritt des Wunders), so ist die Aufgabe, alle Schätze der Prinzessin zu finden, doch zu groß für ihn, als daß er sie ohne Hilfe schaffen könnte – und ihm droht, ebenso wie seinen Brüdern, die Erstarrung zu Stein. Diese Versteinerung ist eine allgegenwärtige Gefahr in diesem Märchen: Erst kommen die drei Brüder gemeinsam zu dem verwunschenen Schloß, in dem es scheinbar keine Menschen gibt und sogar die Pferde im Stall versteinert sind, und jetzt sieht sich der Dummling ganz allein dieser versteinerten Welt gegenüber und ist selber in der Gefahr, seine Lebendigkeit und Vitalität zu verlieren. Mit dem Versteinert-Werden scheint es eine seltsame Bewandtnis zu haben!

Vielleicht läßt sich das Wesen dieser Versteinerung an einem Detail am besten veranschaulichen: Es heißt in dem Märchen, daß selbst „in den Ställen lauter steinerne Pferde standen". Die Pferde symbolisieren tiefenpsychologisch die instinktive, animalische Natur des Menschen. Das Pferd ist ein Symbol von Vitalität und Kraft, die im Körperlichen gründet. Wenn nun die Pferde, die normalerweise dahinstürmen können wie der Wind, steinern in den Ställen stehen, dann liegt ein lähmender Bann über der Lebenskraft und Vitalität eines Menschen, in dessen Innern alles so versteinert ist. Dieser Bann läßt alles scheintot sein, seine Farbe und Lebendigkeit verlieren. Das Leben selbst wird schal und farblos. Das Bild vom versteinerten Schloß, in dem ein graues Männlein sich schemenhaft und wortlos bewegt, in dem selbst die Pferde im Stall zu Stein geworden sind, und keine Menschenseele sich rührt, veranschaulicht sehr treffend den Zustand der Depression, in dem jeder Lebenswille lahmgelegt ist.

Ganz allein einer solchen steinernen und grauen Welt gegenüber kommt den Dummling die Verzweiflung an. Auch seine Brüder konnten sich dem Bannkreis der inneren Erstarrung nicht entziehen; denn schon ihre ersten Bewährungsproben auf ihrem Märchenweg hatten uns ja gezeigt, daß sie keinerlei Bezug zu ihren animalisch-vitalen Kräften haben, zur ihrer existentiellen Lebendigkeit also. Der Dummling fürchtet, daß es ihm ebenso gehen wird – und wir fühlen mit ihm, daß seine Verzweiflung tief und echt ist.

Es liegt nahe, dieses Erleben des Dummlings als Hinweis auf eine Lebenskrise zu verstehen, in der er sich befindet. Das Gefühl des Bedrohtseins von Versteinerung und Erstarrung deutet auf eine große persönliche Krise hin. Das Leben scheint ihm in Todesstarre gebannt. Dabei müssen wir im Auge behalten, daß es der Versuch ist, die Schätze der Prinzessin zu finden, der ihn in seine persönliche Katastrophe zu stürzen droht.

Der erste Kontakt mit dem weiblichen Geschlecht hat den Jungen so sehr aus dem inneren Gleichgewicht gebracht, daß für ihn die Gefahr befürchtet werden muß, in eine Abwehrhaltung gegenüber der Frau zu verfallen. Diese Abwehr äußert sich symbolisch in dieser drohenden Erstarrung: Seine ersten Erlebnisse haben ihn zutiefst verunsichert – wird er sich jetzt in sich selber zurückziehen oder schafft er den Sprung nach vorne, überwindet er die Hürde?

„Und wie er so saß, kam der Ameisenkönig, dem er einmal das Leben erhalten hatte, mit fünftausend Ameisen, und es währte gar nicht lange, so hatten die kleinen Tiere die Perlen miteinander gefunden und auf einen Haufen getragen."

Der Ameisenkönig kommt ihm zu Hilfe samt seinem ganzen Staat – für sie ist das Perlensammeln überhaupt kein Problem. Was ist darunter wohl zu verstehen?

In dem Moment, in dem unser Held weinend auf einem Stein sitzt, sein Blick nach innen geht und seine Gefühle tief und echt sind, gewinnt er neue Kraft und Mut, seinen tiefsten Empfindungen zu vertrauen. Und diese Empfindungen und Gefühle, die aus den tieferliegenden Schichten seiner Persönlichkeit kommen, geben ihm ein intuitives Wissen davon, „wo die Perlen der Königstochter", wo ihre Schätze liegen. Er wagt es, für dieses Wissen offen zu sein –. Und damit ist diese Aufgabe bewältigt.

„Die zweite Aufgabe aber war, den Schlüssel zu der Schlafkammer der Königstochter aus dem See zu holen. Wie der Dummling zum See kam, schwammen die Enten, die er einmal gerettet hatte, heran, tauchten unter und holten den Schlüssel aus der Tiefe."

Beim zweitenmal klappt es also schon viel besser, weil der Dummling jetzt gelernt hat, seinem intuitiven Wissen zu vertrauen. Deshalb gelingt es ihm, den Schlüssel selbst aus der *Tiefe* des Sees zu bergen, mit Hilfe der Enten, natürlich, mit der triebhaft-vitalen Seite seiner Persönlichkeit, die ihn in den Augen der „Schlauen" so „einfältig" erscheinen läßt.

Daß die zweite Aufgabe darin besteht, in den Besitz des Schlüssels vom Schlafzimmer der Prinzessin zu gelangen, ist ein unverhohlener Fingerzeig, worin die eigentliche Erlösung der Königstochter bestehen wird – und nicht nur die der Königstochter, sondern auch und vor allem seine eigene. Nähe und Intimität, die Liebeserfahrung selbst, wird die Versteinerung lösen. Dazu muß aber erst der Schlüssel aus der *Tiefe* geholt werden, ein symbolischer Hinweis darauf, daß man nur dann einen erlösenden Zugang zum anderen Menschen finden kann, wenn man sich selber – insbesondere in der Liebesbeziehung – als „ganzer Mensch" einbringt, mit all seinen Höhen und Tiefen, Stärken und Schwächen.

Den zwei Brüdern kann dies nicht gelingen: Da ihr Selbstverständnis sich auf ihre scheinbare Größe, auf ihre hohle Klugheit und Forschheit beschränkt, sind sie nicht fähig, eine Beziehung zur Natur, zu ihrer eigenen Natur aufzunehmen. Deshalb erstarren sie zu Stein – ein sehr treffendes Bild für ihren seelischen (beziehungsweise seelenlosen) Zustand.

Alles hängt also von dem Dummling ab: Wie kommt er

mit der Königstochter und ihren Schätzen zurecht? Das ist das Zentralthema der Pubertät für den Jungen. Die Pubertät bringt eine Lebenskrise mit sich, und je nach den bisherigen Lebenserfahrungen, der Basis, von der aus die weiteren Schritte unternommen werden, kann diese Krise mehr oder weniger gut bewältigt werden.

Die dritte und letzte Aufgabe ist zugleich die alles entscheidende: Wird er seine Königstochter, die richtige, finden?

„Die dritte Aufgabe aber war die schwerste; aus den drei schlafenden Töchtern des Königs sollte die jüngste und liebste herausgesucht werden. Sie glichen sich aber vollkommen und waren durch nichts verschieden, als daß sie, bevor sie eingeschlafen waren, verschiedene Süßigkeiten gegessen hatten, die älteste ein Stück Zucker, die zweite ein wenig Sirup, die jüngste einen Löffel voll Honig.“

Es gilt also, die „süßeste“ unter den dreien herauszufinden, die liebste. Und alle liegen in tiefem Schlaf. Es gibt also keine äußeren Orientierungsmöglichkeiten an Aussehen oder Verhalten. Hier die richtige zu finden, ist wahrlich eine schwere Aufgabe.

„Da kam die Bienenkönigin von den Bienen, die der Dummling vor dem Feuer geschützt hatte, und versuchte den Mund von allen dreien; zuletzt aber blieb sie auf dem Mund sitzen, der Honig gegessen hatte, und so erkannte der Königssohn die rechte.“

Es ist die Bienenkönigin, die ihm diesmal hilft. Nach ihr ist ja auch das Märchen benannt. Sie spielt also eine entscheidende Rolle. Was hat es mit der Bienenkönigin auf sich?

Die Bienenkönigin ist das Herz und der Kopf ihres Staates. Sie ist ein weibliches Wesen und ein Symbol der Fruchtbarkeit: Alle Mitglieder ihres Volkes sind ihre Kinder. Vielleicht ist sie dadurch gar als ein Symbol der „Großen Mutter“ zu verstehen, der Naturmutter, die alles Leben gibt. Diese Deutung scheint mir hier durchaus zweckmäßig; denn daß die „Große Mutter“, das Urbild alles Weiblichen, dem jungen Mann bei der Wahl seiner Partnerin hilft, ist eine plausible Erklärung. Der Dummling läßt sich bei der Partnerwahl von ihr führen, dem Sinnbild des Weiblichen, und findet so „die rechte“.

Dem Dummling gelingt die Lösung aller ihm gestellten Aufgaben; er hat Erfolg und wird glücklich, weil er seine ganze Persönlichkeit einsetzt und nicht nur den Kopf wie seine Brüder. „Schlauheit“ allein hilft in Lebenskrisen einfach nicht weiter. Die Art und Weise, wie der Dummling bislang durchs Leben gegangen ist, hilft ihm, die Krise zu überwinden. So erlöst er seine Prinzessin und mit ihr das ganze Schloß. Am Schluß erfolgt die Vermählung mit der Königstochter – also die sexuelle Reife und der Eintritt ins Erwachsenenleben – und die Krönung zum König. Er ist also Meister seines eigenen Geschicks geworden und hat den Status einer autonomen Persönlichkeit erreicht. Wir dürfen annehmen, auch wenn es nicht ausdrücklich gesagt wird, daß er in Weisheit geherrscht hat.

„Da war der Zauber vorbei, alles war aus dem Schlaf erlöst, und wer von Stein war, erhielt seine menschliche Gestalt wieder. Und der Dummling vermählte sich mit der Jüngsten und liebsten und ward König nach ihres Vaters Tod; seine zwei Brüder aber erhielten die beiden anderen Schwestern.“

Es bleibt dem Dummling vorbehalten, König zu werden, obwohl er der Jüngste ist und auch die jüngste Königstochter heiratet, was ja den üblichen Regeln der Thronfolge widerspricht. Um den Platz eines Souveräns, eines eigenverantwortlich Handelnden, ausfüllen zu können, fehlt den beiden Brüdern die wichtigste Voraussetzzung: Der erfolgreiche Kampf um die Entwicklung einer eigenen und gefestigten Persönlichkeit. Sie konnten nicht sehen, daß das Ziel darin bestand, die angeborenen Triebe und die Lebenserfahrungen so miteinander zu verbinden, daß sich idealerweise alle Kräfte ihrer Person in ihrer Entfaltung unterstützen können.

Daß dieser Idealzustand sich auch an einem Ideal der Persönlichkeitsentwicklung orientiert und so – in voller Harmonie – bei keinem Menschen verwirklicht, setze ich voraus. Aber indem das Märchen die Brüder scheintot sein ließ, hat es deren Versagen märchenhaft zur Anschauung gebracht. Wenn jemand zu Stein erstarrt, dann muß er einen gravierenden Fehler im Umgang mit sich selber gemacht haben.

Allerdings darf man nun auch nicht glauben, es sei leicht, das Ziel der Persönlichkeitsintegration zu erreichen. Zunächst muß man sich ja überhaupt erst mal auf den Weg machen. So sucht der Dummling nicht nur seine Brüder, sondern zieht mit ihnen weiter, nachdem er sie gefunden hat. Auch er will und muß sich „in der Welt versuchen", wie schon das „tapfere Schneiderlein". Auf dieser Wanderschaft passiert dann allerlei, und die Art und Weise, wie die Brüder reagieren, zeigt die typischen Unterschiede zwischen ihnen. Die Ankunft auf dem versteinerten Schloß stellt dann den Höhe- und Endpunkt der Wanderschaft dar; und weil wir vorhin festgestellt haben, daß die Ereignisse dort sich um die Königstochter drehen, also um das andere Geschlecht, können wir jetzt behaupten, das Märchen thematisiere Probleme, die mit der sexuellen Reife zusammenhängen – und zwar hauptsächlich Probleme des Jungen.

Eine Wanderschaft im Märchen bedeutet immer, daß der Held sich auf die Suche nach sich selbst begibt, nach seiner Identität. Bei der Frage nach der eigenen Identität rückt aber die Beziehung zu den Eltern in den Vordergrund und das Problem, wie man aus ihrem Schatten treten kann, ohne sich allzu großen Schaden zuzufügen.

Damit sind wir bei dem Geheimnis der Zahl drei und der Frage, warum es nicht nur immer der dritte, sondern auch der jüngste Sohn ist, der „dumm“ ist. In den Dummlingsmärchen scheint sich der Dummling zwar nichts aus seiner Dummheit zu machen, in der „Bienenkönigin“ wirkt er sogar ausgesprochen selbstbewußt. Wie erklärt sich das?

Wenn in vielen Märchen der Held am Anfang geringgeschätzt und für dumm gehalten wird, dann erfährt man keinen Grund dafür, weil es keinen Grund gibt. Das Kind ist nicht aus einem bestimmten Grunde „dumm“, zum Beispiel bestimmter Fehler wegen, sondern die Dummheit ist ein Zeichen seiner Unerfahrenheit. Deshalb fühlt sich das Kind oft „dumm“, aber dennoch nicht unbedingt unglücklich; denn die Unerfahrenheit, in der es lebt, deutet auf einen Zustand der relativen Unbewußtheit. Diese relativ geringe Bewußtheit von sich selber hat natürlich auch zur Folge, daß man sich der verwirrenden Vielfalt des Lebens gegenüber ratlos vorkommt. Aber diese Ratlosigkeit wird zunächst nicht als „Unglück“ erlebt, sondern als Tatsache hingenommen. Erst wenn sich in der Pubertät Körper und Seele verändern und damit die Frage nach der eigenen Identität zum zentralen Thema wird, muß die „Dummheit“ des unreflektierten kindlichen Lebens überwunden werden. Zu Beginn des Märchens ist der Dummling also deshalb „dumm“, weil er noch kein Bewußtsein von sich selber hat. Am Schluß des Märchens hat er die Aufgaben gelöst, die ihm den Eintritt in das Erwachsenenleben ermöglichen: die Initiation ist vollzogen.

Soviel zur Dummheit des Dummlings. Ungeklärt ist aber immer noch, warum es immer der dritte Bruder sein muß. Wenn es nur darum ginge, deutlich zu machen, daß das jüngste und verachtetste Kind der eigentliche Held ist, dann könnte es genausogut das zweite oder vierte oder jedes beliebige in der Geschwisterreihe sein. Es ist aber immer das dritte, denn die Zahl „drei“ steht für die Familienkonstellation, die für das Kind am wichtigsten ist: Vater, Mutter und Kind. Die dritte Position ist also immer die des Kindes.

In den Märchen ist dieser Sachverhalt nicht so leicht zu erkennen, weil da von zwei *Geschwistern* die Rede ist. Aber man darf das getrost als einen geschickten Kunstgriff ansehen, wie er im Märchen öfter vorkommt (zum Beispiel auch im „Aschenputtel"), denn für ein Kind ist es sehr schwer, sich einzugestehen, daß es seine Eltern überflügeln will, ja, unter Umständen ist das Bewußtsein, mit den Eltern zu konkurrieren, sogar gefährlich für das Selbstwertgefühl des Kindes. Dieses Selbstwertgefühl ist nämlich in starkem Maße von der Zuneigung der Eltern abhängig. Ein Kind braucht dieses Gefühl unverbrüchlicher Treue zwischen sich und seinen Eltern. Deshalb haben die Märchen, die ja Produkte einer jahrhundertealten Überlieferung sind und dadurch auch alle Widerstände und Tabus widerspiegeln, Geschwister an den Platz der Eltern geschoben. Wenn die zwei, die zunächst an erster Stelle stehen, zu guter Letzt vom dritten überrundet werden, dann ermöglicht das dem Kind einen hoffnungsvollen Blick in die Zukunft, in der es ebenfalls „größer" werden kann als seine Eltern, auch wenn es sich jetzt noch so unbedeutend vorkommt.

Die Zahl „drei" meint also immer das Kind selbst, und deshalb kann sich auch jedes Kind mit dem dummen Helden, dem dritten Bruder, identifizieren, der am Schluß der beste ist –, auch wenn es selbst an einer anderen Stelle in der Geschwisterreihe steht oder ein Einzelkind ist.

Es mag nun aber auch sein, daß ein Kind sich zunächst dagegen wehrt, sich mit einem anfänglich als dumm geltenden Helden zu identifizieren, weil dies ja auch eine Gefahr für seine Selbstachtung sein kann. Dieses Kind muß das Märchen ein paarmal gehört haben, um ganz sicher zu sein, daß die Verwandlung vom „Dummling" zum „weisen König" tatsächlich erfolgt, bevor es den Mut findet, sich von Anfang an in den Helden einzufühlen. Dann aber ist die Faszination noch größer.

Wir wollen noch einen ganz kurzen Blick auf die beiden Brüder werfen, das heißt, auf einen wichtigen Aspekt dieser Gestalten: ihre große Ähnlichkeit. Wir haben herausgefunden, daß die zwei älteren völlig gleich handeln und denken. Das weist einerseits darauf hin, daß ihre Persönlichkeit ganz unentwickelt, undifferenziert ist. Sie besitzen nichts Eigenständiges. Wir könnten auch sagen, sie verkörpern ein Prinzip, und zwar in der Verdopplung untermauert: die Rationalität. Das paßt auch gut zu der Deutung als Elternersatz, da die Eltern eben auch oft von ihren Kindern eine „vernünftige" Verhaltensweise erwarten (und es manchmal damit auch überfordern). Auch die Eltern kann man so als Vernunftprinzip erleben. Es ist die Lebensaufgabe für jedes Kind, sich aufgrund seiner bisherigen Lebenserfahrungen ein eigenes Konzept aufzustellen, wie man die verschiedenen Prüfungen, mit denen man auf seinem Weg konfrontiert wird, am besten bewältigt. Dazu ist es wichtig, daß Begriffe wie „gut" und „böse", „richtig" und „falsch" einen ganz persönlichen Sinn für es bekommen, und daß diese Moralvorstellungen sein Handeln leiten, auch wenn andere es davon abzubringen versuchen. Mit diesen Grundlagen kann man es weit bringen, selbst bis zum „König". Das veranschaulicht „Die Bienenkönigin", und sie macht auch klar, daß das nichts ist, was man im Handumdrehen erreichen kann – *„Erwachsenwerden" ist kein „Honigschlecken"!*

Identität und Liebe

»ASCHENPUTTEL«

Schon in der ziemlich frühen Kindheit, zwischen Kindergarten- und Schulalter, äußert sich eine entwicklungsbedingte Hinwendung zum anderen Geschlecht auch darin, daß die Kinder sich besonders eng dem gegengeschlechtlichen Elternteil anschließen, die Tochter an den Vater, der Sohn an die Mutter. Ausgesprochene Liebeserklärungen und Heiratsangebote werden da gemacht – und öfter als einmal versuchen die Kinder auch, den jeweiligen Konkurrenten „austricksen", Vater und Mutter gegeneinander auszuspielen.

Eine vernünftige und verständnisvolle Reaktion darauf vermeidet es, diese Liebesbezeugungen und Rivalitäten als Mittel des innerfamiliären Machtkampfes auszunutzen. Statt dessen ist davon auszugehen, daß sie Zeichen eines wichtigen Entwicklungsschrittes auf dem Weg zur eigenen Identität – und das heißt immer auch: der sexuellen Identität – sind.

Wenn man in der Pubertät biologisch zu Mann oder Frau wird, ist es erforderlich, dieses biologische Geschehen mit der eigenen Persönlichkeit so zusammenzuschließen, daß man sich selber als „Mann" oder als „Frau" zu erleben (– und zu akzeptieren!) vermag. Auf diesen Integrationsprozeß haben die oben geschilderten Erlebnisse von innerfamiliären Konkurrenzsituationen – ob und wie sie gelöst worden sind – einen entscheidenden Einfluß; es sind Grundsteine, die dort für den Umgang mit der eigenen und fremden Sexualität gelegt werden.

In der Pubertät, wo die Identität als Mann oder Frau zum zentralen Thema wird, werden ungelöste Grundkonflikte wieder wach und aktuell.

„Aschenputtel“ ist ein schönes Beispiel dafür, zu welchen textlichen Veränderungen die „Verkindlichung“ von Märchen führen kann. Das Geschichtenerzählen, das Weitergeben von „Mären“ (in der Verkleinerungsform dann „Mär-chen“) gehörte ja ursprünglich und über Jahrhunderte hinweg nicht nur zum Lebenskreis der Kinder, sondern vor allem zu dem des Erwachsenen. Mit der Übernahme dieser teilweise recht deftigen Mären in die Bücher für Kinder erfolgte ein Reinigungsprozeß: Nunmehr zu dem geworden, was wir eigentlich unter „Märchen“ verstehen, halten sie der Prüfung auf sitten- und kindgerechte Form, wie sie vor mehr als 150 Jahren für gut befunden wurde, stand.

So sollte man jedenfalls meinen. Betrachtet man die Märchen aber genauer, so stößt man unter dieser sittsamen Oberfläche sehr schnell auf die eigentliche Thematik, die von Lebendigkeit zeugt und daher keineswegs „rein“ ist. Daß das Bild von der „kindlichen Unschuld“ ein Trugbild ist, ist uns ja seit Sigmund Freuds psychoanalytischen Erkenntnissen nicht mehr neu.

Durch die Rücksichtnahme auf die guten Sitten hat auch das „Aschenputtel“ entscheidende Umdichtungen erfahren; denn es hätte sicher gegen den guten Geschmack verstoßen, und zwar nicht nur zu Zeiten der Brüder Grimm, sondern genauso heutzutage, wenn in dieser Geschichte „Aschenputtel“ deshalb zum Aschenputtel geworden wäre, weil es seinen *Vater* nicht *heiraten* wollte.

Den Vater heiraten – das scheint zunächst sehr weit hergeholt, wenn nicht gar absurd. Schließlich kann doch jedermann, der das Märchen kennt, bezeugen, daß es da eindeutig um die Rivalität zwischen den Schwestern und den Kampf um den Königssohn geht.

Auf die Idee, daß es hier um die Konkurrenz von Mutter und Tochter geht, kann man auch erst kommen, wenn man andere Versionen des Aschenputtel-Märchens kennt. Es gibt einen richtigen Aschenputtel-Zyklus; denn das

Motiv ist sehr alt. Erste Überlieferungen stammen aus China und datieren 2000 Jahre zurück.

In den meisten dieser Versionen liegt die Ursache für Aschenputtels Dasein in der Asche in der Beziehung zwischen Aschenputtel und seinem Vater. In der Grimmschen Version tritt dieser Bezugspunkt zwar fast ganz zurück, aber es gibt dennoch einige wichtige Aspekte, die auf den gleichen Sachverhalt deuten. Aufschlußreich ist da zum Beispiel Aschenputtels Wunsch, daß der Vater ihm ein ganz persönliches Geschenk von seiner Reise mitbringen soll (während die Stiefschwestern nur auf Äußerlichkeiten aus sind, auf schöne Kleider und Edelsteine). Auch die Tatsache, daß der Vater später dem Prinzen bei der Suche nach Aschenputtel aktiv hilft, paßt in diese Deutung, die die Liebesbeziehung zwischen Vater und Tochter und die damit verbundenen Probleme (z.B. die Konkurrenz zwischen Mutter und Tochter) in den Vordergrund stellt.

Während in manchen Fassungen die Sache gleich beim richtigen Namen genannt wird und Aschenputtel fliehen muß, weil ihr Vater sie heiraten will, oder sie von ihm verstoßen wird, weil er an der Ausschließlichkeit ihrer Liebe zweifelt, konstelliert sich die Problematik in dem uns bekannten Märchen versteckter.

„Einem reichen Manne, dem wurde seine Frau krank, und als sie fühlte, daß ihr Ende herankam, rief sie ihr einziges Töchterlein zu sich ans Bett und sprach: ‚Liebes Kind, bleib fromm und gut, so wird dir der liebe Gott immer beistehen, und ich will vom Himmel auf dich herabblicken und will um dich sein.‘ – Darauf tat sie die Augen zu und verschied. Das Mädchen ging jeden Tag hinaus zu dem Grabe der Mutter und weinte und blieb fromm und gut. Als der Winter kam, deckte der Schnee ein weißes Tüchlein auf das Grab, und als die Sonne im Frühjahr es wieder herabgezogen hatte, nahm sich der Mann eine andere Frau.

Die Frau hatte zwei Töchter mit ins Haus gebracht, die schön und weiß von Angesicht waren, aber garstig und schwarz von Herzen. Da ging eine schlimme Zeit für das Stiefkind an. ‚Soll die dumme Gans bei uns in der Stube sitzen!' sprachen sie, ‚wer Brot essen will, muß es verdienen: hinaus mit der Küchenmagd.' – Sie nahmen ihm seine schönen Kleider weg, zogen ihm einen grauen alten Kittel an und gaben ihm hölzerne Schuhe. – ‚Seht einmal die stolze Prinzessin, wie sie geputzt ist!' riefen sie, lachten und führten es in die Küche. Da mußte es von Morgen bis Abend schwere Arbeit tun, früh vor Tag aufstehn, Wasser tragen, Feuer anmachen, kochen und waschen. Obendrein taten ihm die Schwestern alles ersinnliche Herzeleid an, verspotteten es und schütteten ihm die Erbsen und Linsen in die Asche, so daß es sitzen und sie wieder auslesen mußte. Abends, wenn es sich müde gearbeitet hatte, kam es in kein Bett, sondern mußte sich neben den Herd in die Asche legen. Und weil es darum immer staubig und schmutzig aussah, nannten sie es Aschenputtel."

Soweit die garstigen Stiefschwestern. – Es stellt sich uns die zentrale Frage, warum diese beiden weiblichen Gestalten das Mädchen denn so sehr hassen, daß sie immer raffiniertere Methoden aussinnen, um es zu quälen.

Dieser Frage wollen wir nachgehen. Welches Motiv liegt der Bosheit der Stiefschwestern zugrunde? Es scheint um Neid und Eifersucht zu gehen, Neid und Eifersucht darauf, daß Aschenputtel etwas hat, was ihnen abgeht. Den Machtkampf, der hier ausgefochten wird, „nur" als Geschwisterrivalität zu interpretieren, ist zu kurz gefaßt. Man muß dann schon fragen, wem eigentlich diese Rivalität gilt.

Wenn man weiß, daß nachher der Königssohn als Freier um alle drei Schwestern auftritt, ist man natürlich in Versuchung, in diesem jungen Mann den Grund für das neidische und eifersüchtige Verhalten der schönen, aber bösen Schwestern zu sehen. Wie uns die Eingangspassage des Märchens aber in das Geschehen einführt, ist ein Hinweis darauf, daß der Kampf zwischen der „bösen" und der „guten“ Schwester schon viel früher begonnen hat.

Das Objekt des Kampfes, den die Schwestern untereinander ausfechten, ist der *Vater*. Von diesem Interpretationsansatz lassen sich auch andere Details des Märchens erklären, die eigentlich den üblichen Märchen-Regeln widersprechen, zum Beispiel die Tatsache, daß am Ende die Stiefmutter nicht bestraft wird, obwohl sie doch die treibende Kraft des Bösen ist. Die Stiefschwestern sind, zumindest im zweiten Teil des Märchens, wo es um die Brautsuche des Prinzen geht, eher passiv und folgen den Anweisungen ihrer Mutter. So verstümmeln sie sich auf ihr Geheiß die Füße, um in den Schuh zu passen, der der „rechten Braut“ gehört. Gerade in China, wo die Ursprünge unseres Märchens zu finden sind, ist, beziehungsweise war, die Kleinheit des weiblichen Fußes ein sexuell attraktives Merkmal. Aber überall auf der Welt gibt es Geschichten, in denen die Brautsuche durch das Anprobieren eines Schuhes zu einem glücklichen Ende kommt. (Auf die Symbolik von Fuß und Schuh gehen wir später noch näher ein.)

Es geht in „Aschenputtel“ also um das Problem der richtigen Partnerwahl. Es geht aber auch um die Konkurrenz von Mutter und Tochter und ihr Rivalisieren um die Liebe des Vaters. Und beide Themenbereiche hängen eng zusammen.

Das scheint auf den ersten Blick verwirrend. Wenden wir uns doch noch einmal dem Anfang zu. Was passiert, nachdem Aschenputtels Mutter gestorben ist? – Der Vater heiratet erneut. Über die neue Frau des Vaters wird dabei zunächst nichts weiter ausgesagt – sie scheint eher im Hintergrund zu stehen. Allerdings hat sie etwas in die Ehe mitgebracht, nämlich die Früchte ihres Leibes: ihre Töchter. Diese gehören zu ihr. Sie sind „schön und weiß von Angesicht ..., aber garstig und schwarz von Herzen“. Man kann diese drei Frauen durchaus als eine Einheit sehen.

Diese Sichtweise bestätigt sich auch im weiteren Verlauf der Geschichte: Jetzt tritt die Mutter in den Vordergrund und erweist sich als der eigentliche Motor des Bösen, während ihre Töchter zu gehorsamen Befehlsempfängern degradiert werden. Dieser Gehorsam ist bedingungslos, die Abhängigkeit von der Mutter also absolut: Die Mädchen lassen alles mit sich machen und ertragen selbst größte Schmerzen auf Geheiß der Mutter widerspruchslos.

Dennoch kommt diese böse mächtige Frau – im Gegensatz zu ihren Töchtern! – am Schluß ungeschoren davon, obwohl sie es ist, die das Böse aussinnt und planmäßig verfolgt: Krönung ihrer Bosheit ist der Versuch, ihrem Stiefkind den „richtigen" Mann wegzunehmen, ihr den Bräutigam vorzuenthalten. Der Wunsch, Aschenputtels Glück zu verhindern, ist der wahre Grund für die Gemeinheiten, die sie sich ausdenkt. Deshalb stellt sie ihr schier unlösbare Aufgaben.

Das, was in „Aschenputtel" geschieht, läßt sich leichter verstehen, wenn man ein paar Erkenntnisse Freuds zu Hilfe nimmt. Freud hatte ja die Erkenntnis, daß unser späteres Schicksal als erwachsene Menschen in weiten Teilen durch unsere Erlebnisse in der Kindheit bestimmt ist, zu einer psychologischen Theorie ausgearbeitet. Ins Zentrum seiner Überlegungen rückte immer mehr die Beobachtung, daß ein Kind nach der Säuglings- und Kleinkindzeit, die ihre ganz speziellen Krisen und Gefährdungen hat, streckenweise die Einheit mit der Mutter aufgibt und anfängt, sich selbst als Person zu entdecken und mit der Umwelt eigenständig Kontakt aufzunehmen. Mit vier, fünf Jahren beginnt es, sich eindeutig als Angehöriger entweder des weiblichen oder des männlichen Geschlechts zu begreifen: eine erste Stufe der sexuellen Identität. Das ist das Alter, in dem der kleine Junge heftig seine Mutter und das Mädchen den Vater umwirbt. Umgekehrt wollen sie dafür aber auch die ausschließliche Bezugsperson für den jeweiligen Elternteil sein.

Ein einziges Problem stellt sich: Vater und Mutter sind meist schon verheiratet, haben schon einen Liebespartner. Leider sind sie nicht frei. Was tun? Das Kind ist schrecklich eifersüchtig, der Sohn auf den Vater, die Tochter auf die Mutter. Wie einfach wäre es, wenn man die Rivalen einfach beseitigen könnte! Aber dieser Gedanke wird kaum bewußt in den Köpfen der Kinder; denn er ist viel zu gefährlich, zum einen deshalb, weil die Kinder fürchten müssen, Vater oder Mutter würden sich fürchterlich rächen für die bösen Wünsche ihrer Sprößlinge, und zweitens, weil die Kinder auf die Liebe des zeitweise unterschwellig zwar gehaßten, aber doch unentbehrlichen Elternteils gar nicht verzichten könnten, ohne Schaden zu nehmen. Deshalb erleben viele Kinder ihre Eifersucht nicht nur nicht bewußt, sondern sie empfinden geradezu umgekehrt: Nicht ich bin eifersüchtig auf die Mutter, sondern die Mutter ist es auf mich, weil der Vater mich so gern hat. Mit diesem Glauben läßt sich etwas leichter leben, denn man ist frei von Schuld. Im übrigen kann man sich noch ein bißchen selbst bemitleiden und sogar ein wenig überlegen fühlen – weil man ja heimlich für sich ruhig glauben kann, daß der Vater oder die Mutter einen lieber hat als den anderen Elternteil.

Oft aber ist die seelische Lage des Kindes – und insbesondere des Mädchens – so verzwickt, daß selbst die Vorstellung, die eigene Mutter könne auf es eifersüchtig sein, noch viel zu gefährlich ist; denn Mütter sind etwas so Mächtiges, daß der Gedanke an eine Konkurrenz mit ihr einem kleinen Mädchen schon die Angst in den Nacken jagen kann. In seiner Phantasie ist das Kind dann oft davon überzeugt, daß die Mutter früher, als sie noch gut und lieb war, ganz der Fürsorge für es hingegeben, eigentlich jemand ganz anderes war als die Person, zu der man zwar noch „Mutter" sagt, die aber in Wirklichkeit manchmal böse ist wie eine Hexe.

Man kann sagen, daß in allen Märchen, in denen eine eifersüchtige Stiefmutter vorkommt, diese Stiefmutter für die wirkliche Mutter steht, die dem Kind im Moment so viele Probleme schafft. Das Märchen nimmt so dem Kind seine Schuldgefühle wegen der neidischen und eifersüchtigen Regungen gegenüber der eigenen Mutter, indem es die Mutterfigur spaltet: in eine gute, inzwischen verstorbene Mutter der frühen Kindheit (wo es solche Probleme noch nicht gab) und in eine andere, die Stiefmutter, mit deren „Bosheit" sich das Kind jetzt herumschlagen muß.

So stellt sich die seelische Wirklichkeit des Kindes in dieser ödipalen Phase als schwankend und unsicher dar. Es erlebt, daß die „gute", problemlos vorhandene Mutter seiner frühesten Kindheit plötzlich verschwunden, „tot" ist, und es fragt sich, ob diese Frau, die ihm den Vater wegnehmen will, überhaupt noch die gleiche Person ist.

Freud sagt nun, der ganze weitere Lebensweg des Menschen sei bestimmt dadurch, wie er als Kind mit Hilfe seiner Eltern dieses Problem lösen könne. Gelingt es ihm, sich wieder mehr und mehr mit dem gleichgeschlechtlichen Elternteil zu identifizieren, diesem wieder nahezukommen und so die Schuldgefühle, die es wegen seiner bösen Wünsche hat, zu überwinden, dann ist es gut. Gelingt es ihm nicht, dann bleibt es sein Lebtag in dieser Zwickmühle stecken und schafft sich immer wieder die gleichen Schwierigkeiten, weil man zwar Personen und Situationen austauschen kann, das ungelöste Problem einen aber immer wieder zu den gleichen falschen Sichtweisen und Handlungen zwingt.

Hier schließen sich nun auch die beiden Themenkreise des Märchens zusammen: die Konkurrenz von Mutter und Tochter um die Liebe des Vaters, also eine ödipale Situation, und die Partnerwahl nach der geschlechtlichen Reife; denn die Art und Weise, wie in der Familie mit der ödipalen Konstellation umgegangen wird, wie und ob sich die erotische Spannung der gegengeschlechtlichen Familienmitglieder auf andere, außerfamiliäre Bezugspersonen umleiten läßt, ist bei der späteren Wahl des Liebespartners, also eben einer neuen Bezugsperson, von entscheidender Bedeutung.

Das große Verdienst der Märchen ist es, daß sie alle diese seelischen Konflikte aufgreifen, ihnen in den Märchenfiguren Gestalt geben und so dem Kind erlauben, allen seinen „guten“ und „bösen“ Empfindungen freien Lauf zu lassen, ohne daß das Problematische „unter den Teppich gekehrt“ werden müßte – und ohne daß einen die Last der Schuldgefühle erdrückt. Und durch die Garantie des immer guten Ausgangs wird dem Kind noch die Hoffnung vermittelt, daß seine eigene persönliche Zwickmühle eines Tages auch durchbrochen werden kann.

Aschenputtel möchte also den Vater für sich gewinnen und die Mutter ausschalten. Dieser Wunsch legt ihm nun aber auch den Gedanken nahe, daß diese ja nun ihrerseits das Recht habe, sich für dieses frevelhafte Begehren zu rächen. Es sind Aschenputtels Schuldgefühle wegen seiner vermessenen Wünsche, die die Mutter ungestraft lassen und es selbst in die Asche verdammen. Übertragen auf die Vorgänge in der Seele des Kindes, ist es Aschenputtel selber, das sich für seine unerfüllbaren und „unrechten“ Wünsche mit dem niedrigsten Platz bestraft. In der Asche führt es ein Leben der Trauer. Es trauert um den Verlust seiner „guten“ Mutter. Es überschüttet sich mit Asche. Dieser Platz am Herd ist aber nicht nur schwarz und rußig, sondern auch warm. Außerdem liegt er im Zentrum des Hauses. Das Haus wiederum ist ein typisches Ich-Symbol, es repräsentiert den eigenen innerseelischen Raum. Wenn Aschenputtel sich somit an den Herd, diesen zwar dunklen, aber auch warmen Platz im Zentrum des Hauses, zurückzieht, dann erschließt sich uns in diesem Bild sein Selbstgefühl: Angesichts der Probleme, die es innerhalb der Familie erlebt, hat es sich ganz in sich zurückgezogen, auf sich selbst konzentriert. Hier lebt es in der Nähe der Ur-Wärme, die es in der frühen Kindheit erfahren hat im Umgang mit der „guten“

Mutter. In der Trauer – symbolisiert durch die Asche –, die die ödipale Lebenskrise bei ihm auslöst, fühlt es aber dennoch (oder gerade weil es trauert) also eine ursprüngliche Wärme tief in seinem Innern.

Die Wendung zum Besseren wird durch den Vater selbst ausgelöst: Er fährt weg und fragt seine Töchter, was er ihnen bei seiner Rückkehr mitbringen soll. Die Stiefschwestern wünschen sich natürlich Perlen und schöne Kleider; Aschenputtel aber möchte von ihrem Vater den ersten Zweig haben, der ihm „den Hut vom Kopfe stößt", ihn somit barhäuptig macht. Der Wunsch nach Entblößung ist eindeutiger Art.

Der Vater bringt seinen Töchtern mit, was sie sich gewünscht haben:

„Aschenputtel dankte ihm, ging zu seiner Mutter Grab und pflanzte das Reis darauf und weinte so sehr, daß die Tränen darauf niederfielen und es begossen. Es wuchs aber und ward ein schöner Baum. Aschenputtel ging alle Tage dreimal darunter, weinte und betete, und allemal kam ein weißes Vöglein auf den Baum, und wenn es einen Wunsch aussprach, so warf ihm das Vöglein herab, was es sich gewünscht hatte."

Aschenputtel bekommt am Grab der Mutter alles, was es braucht – das heißt, was die Mutter ihrem Kind in den ersten Lebensjahren gegeben hat, kommt ihm für den Rest seines Lebens zugute. Das Vertrauen, das sie ihm vermitteln konnte, das „Ur-Vertrauen", hilft ihm auch, sich schließlich seinen Prinzen zu erobern, sich also aus der ödipalen Zwickmühle zu befreien und eine wirklich partnerschaftliche Verbindung aufzunehmen. Dieses Urvertrauen, das sich im weiteren Lebensweg des Menschen als das Grundvertrauen in sich selber darstellt, erlaubt Aschenputtel sogar, seinem Prinzen in Schmutz und Asche entgegenzutreten.

Bevor Aschenputtel aber zur Königin wird, passiert

noch Allerlei. Der König des Landes gibt ein großes Fest, das drei Tage dauern soll, damit sein Sohn sich eine Braut aussuchen kann. Natürlich gehen die eitlen Schwestern hin, und auch Aschenputtel würde gerne mitgehen, wird aber nur ausgelacht. Um endlich Ruhe zu haben vor Aschenputtels Bitten, schüttet ihr die Stiefmutter Linsen in die Asche, in der Gewißheit, daß sie die Arbeit des Auslesens in der befohlenen Zeit nie erledigen könne. Aber wie schon der Vogel am Grab der Mutter sich als Aschenputtels Freund erwiesen hat, helfen ihr nun auch die Tauben, die sie ruft:

„‚Ihr zahmen Täubchen, ihr Turteltäubchen, all ihr Vöglein unter dem Himmel, kommt und helft mir lesen,
die guten ins Töpfchen
die schlechten ins Kröpfchen.‘“

Die böse Stiefmutter löst aber ihr Versprechen nicht ein, Aschenputtel nach getaner Arbeit mitgehen zu lassen und schüttet ihr die doppelte Menge Linsen hin, die sie in der halben Zeit auslesen soll. Wieder helfen ihr die Vögel dabei, aber auch diesmal hält die Stiefmutter nicht Wort mit dem Argument, Aschenputtel habe ja keine Kleider und könne nicht tanzen …

„Als nun niemand mehr daheim war, ging Aschenputtel zu seiner Mutter Grab unter dem Haselbaum und rief:
‚Bäumchen, rüttel dich und schüttel dich,
Wirf Gold und Silber über mich.‘
Da warf ihm der Vogel ein golden und silbern Kleid herunter und mit Seide und Silber ausgestickte Pantoffeln.“

Aschenputtel geht auf das Fest und keiner erkennt sie – auch nicht die Stiefmutter und die Stiefschwestern. Alle denken, es sei eine fremde Königstochter. Der Königssohn tanzt nur mit ihr, und als das Fest aus ist, will er sie nach Hause begleiten. Aber Aschenputtel entwischt ihm und springt ins Taubenhaus.

„Nun wartete der Königssohn, bis der Vater kam und sagte ihm, das fremde Mädchen wäre in das Taubenhaus gesprungen. Der Alte dachte: Sollte es Aschenputtel sein? Und sie mußten ihm Axt und Hacken bringen, damit er das Taubenhaus entzweischlagen konnte: Aber es war niemand darin. Und als sie ins Haus kamen, lag Aschenputtel in seinen schmutzigen Kleidern in der Asche, und ein trübes Öllämpchen brannte im Schornstein; denn Aschenputtel war geschwind aus dem Taubenhaus hinten herabgesprungen und war zu dem Haselbäumchen gelaufen; da hatte es die schönen Kleider abgezogen und aufs Grab gelegt, und der Vogel hatte sie wieder weggenommen, und dann hatte es sich in seinem grauen Kittelchen in die Küche zur Asche gesetzt."

Am nächsten Tag wiederholt sich das gleiche, nur daß die Pracht, in der Aschenputtel erscheint, noch größer ist und sie sich diesmal auf dem Birnbaum versteckt und von da wieder entwischt. Der Vater muß den Birnbaum umhauen.

Als Aschenputtel am dritten Tag zum Fest geht, ist sie noch schöner, und alle wissen vor Verwunderung nicht mehr, was sie sagen sollen. Der Prinz aber greift nun zu einer List und läßt die Treppe mit Pech bestreichen, so daß Aschenputtel bei der Flucht einen Pantoffel verliert, und zwar einen, der ganz golden ist – die Farbe der Vollkommenheit."

Bevor wir aber die Ereignisse weiter verfolgen, möchte ich kurz die Problemkreise rekapitulieren. Wenn es also hier um beides geht, sowohl um die Konkurrenz zwischen Mutter und Tochter um die Liebe des Vaters als auch um die Partnersuche während und nach der Pubertät, dann ist das schon rein zeitlich eine weite Spanne. Gehen wir davon aus, daß die ödipale Konkurrenzsituation vor allem zwischen dem vierten und siebten Lebensjahr bestimmend ist und erst mit der Pubertät wieder aktuell wird, dann liegt dazwischen ziemlich viel Zeit. Dies findet im

Märchen seinen Ausdruck darin, daß das Haselreis, das Aschenputtel einpflanzt, im Lauf der Jahre zu einem schönen großen Baum geworden ist. Auch in der Märchenwelt geht hier viel Zeit ins Land, bis mit dem Auftauchen des Prinzen die alten Probleme neu bearbeitet und einer Lösung zugeführt werden müssen.

Wenn der Vater die erste Person des anderen Geschlechts ist, auf die sich die Liebe des kleinen Mädchens konzentriert, dann sind auch alle weiteren Liebesbeziehungen, die das nun größer und sexuell reif gewordene Mädchen eingeht, durch diese erste Erfahrung mit dem Vater geprägt. Deshalb spielt auch im „Aschenputtel" der Vater eine weit wichtigere Rolle, als es auf den ersten Blick scheint: Er ist es nämlich, der dem Leben Aschenputtels wieder einen Hoffnungsschimmer verleiht, indem er ihr das wunderbare Haselreis mitbringt; und er ist es auch, der allein das Liebespaar zusammenführen kann. – Wieso? – Nun, der Königssohn wartet nicht ohne Grund auf den Vater, damit dieser Aschenputtel aus dem Taubenhaus heraus- oder vom Birnbaum herabhole. Der Vater muß seine Tochter aktiv freigeben; und zwar nicht nur im rechtlichen, sondern vor allem im psychologischen Sinn: Er muß seinen Teil dazu beitragen, daß die engen seelischen Verflechtungen, die zwischen ihm und seiner Tochter bestehen, weitgehend gelöst werden, so daß das Mädchen nunmehr seinem Liebespartner tiefe Gefühle schenken kann. Deshalb muß Aschenputtels Vater den Birnbaum und das Taubenhaus umhauen – damit beweist er die grundlegende Bereitschaft, seine Tochter freizugeben.

Warum flieht Aschenputtel aber gerade ins Taubenhaus und auf den Birnbaum, zwei doch recht zugängliche Orte? Mir scheint, daß beides etwas mit der Rolle der Vögel zu tun hat, die in diesem Märchen sehr wichtig sind. Zuerst ist es ein weißer Vogel, der Aschenputtel am Grab seiner Mutter mit allem Nötigen versorgt. Dann helfen die Vögel ihm zweimal, die von der Stiefmutter gestellten

Aufgaben zu lösen. Und im weiteren Gang der Geschichte übernehmen sie noch einige wichtige Funktionen: Sie weisen den Bräutigam darauf hin, daß er in den beiden eitlen Schwestern die falschen Bräute nach Hause führt – und zwar jeweils dann, wenn er am Grab von Aschenputtels Mutter vorbeireitet – und sie bestrafen schließlich am Schluß diese beiden Schwestern, indem sie ihnen die Augen auspicken – ein scheinbar grausames Detail, durch das aber nur sinnbildlich ausgedrückt werden soll, daß sie „mit Blindheit geschlagen" sind, weil sie sich auf Äußerlichkeiten verlassen, statt auf Herz und Gefühl. – Wenn Aschenputtel nun die Wohnstätten der helfenden Vögel aufsucht und wir davon ausgehen können, daß diese so etwas wie den beschützenden Geist der toten Mutter darstellen, dann ist es nur verständlich, daß sie dort Zuflucht sucht – es ist aber auch klar, daß sie dieses Refugium aufgeben muß, wenn sie erwachsen werden will.

Sie muß ihrem Prinzen entgegentreten, – sie muß auf ihn zugehen, wenn sie ihn haben will. Sie muß den Mut aufbringen, auf die schützenden Fittiche der Mutter zu verzichten. Auch deshalb werden der Birnbaum und das Taubenhaus vom Vater als dem primären Vertreter des männlichen Geschlechtes umgehauen. Er ebnet dem Prinzen die Bahn, den Weg zu Aschenputtel.

Warum aber flieht Aschenputtel überhaupt und läßt sich nicht vom Prinzen nach Hause begleiten? Das wäre für sie doch ein außerordentlicher Triumph über die Stiefmutter und die Schwestern! – Ich vermute, sie tut das deshalb, weil die Pracht, in der sie auf dem Fest erscheint, nur eine geliehene, eine aufgesetzte ist. Wenn Aschenputtel – so der tiefere Sinn des Märchens – aus freien Stücken in die Asche ging, weil sie meinte, daß sei die Buße für ihre unrechten Wünsche, dann kann sie nicht durch solche Äußerlichkeiten wie Schönheit und prächtige Kleider aus dieser Asche wieder erlöst werden. Sie kann nur dann erlöst werden, wenn sie jemanden findet, der sie liebt, wie sie ist, und der ihr auch hilft, ihre Schuldgefühle zu überwinden. Deshalb muß der Königssohn Aschenputtel in der Asche sehen und sie trotzdem lieben können – und das geschieht ja auch.

Vorher aber kommt den beiden noch einmal die böse Stiefmutter in die Quere. Sie möchte den Königssohn für sich gewinnen, für ihre Zwecke. Als Mittel dafür setzt sie ihre Töchter ein. Die einzige Schwierigkeit besteht darin, daß den beiden der Schuh nicht paßt, anhand dessen der Prinz seine Braut zu finden hofft. Kurzentschlossen hakken sie sich auf Befehl der Mutter den Zeh und die Ferse ab – ein weiteres Sinnbild für die Roheit und Gefühlslosigkeit dieser Frauen. Sie erscheinen als extreme Gegenfiguren zu Aschenputtel, die gefühlvoll und sensibel ist, auch in der Beziehung zur Natur, zu den Vögeln und Pflanzen (Haselreis, Birnbaum). Eine gute Beziehung zu der uns umgebenden Natur zu haben, heißt aber immer auch (und nicht nur im Märchen!), daß man auch eine gute Verbindung zur eigenen Natur hat, zu sich selber, seinem innersten Wesen. Nur ein solcher Mensch kann natürlich im Märchen Königin oder König werden.

Zwar vermag der Königssohn den Betrug zunächst nicht zu entdecken, nicht bei der ersten Stiefschwester und nicht bei der zweiten, obwohl er da ja schon etwas achtsamer sein könnte. Er scheint noch ohne rechte Lebenserfahrung zu sein. Aber wieder kommen ihm die Vögel zu Hilfe.

„Als sie an dem Haselbäumchen vorbeikamen, saßen die zwei Täubchen darauf und riefen:

‚Rucke di guck, rucke di guck,
Blut ist im Schuck:
Der Schuck ist zu klein,
Die rechte Braut sitzt noch daheim.‘

Er blickte nieder auf ihren Fuß und sah, wie das Blut aus dem Schuh quoll und an den weißen Strümpfen ganz rot heraufgestiegen war. Da wendete er sein Pferd und brachte die falsche Braut wieder nach Haus. – ‚Das ist auch nicht die rechte', sprach er, ‚habt ihr keine andere Tochter?' – ‚Nein', sagte der Mann, ‚nur von meiner verstorbenen Frau ist noch ein kleines verbuttetes Aschenputtel da: das kann unmöglich die Braut sein.' – Der Königssohn sprach, er sollte es heraufschicken, die Mutter aber antwortete: ‚Ach nein, das ist viel zu schmutzig, das darf sich nicht sehen lassen.' – Er wollte es aber durchaus haben, und Aschenputtel mußte gerufen werden. Da wusch es sich erst Hände und Angesicht rein, ging dann hin und neigte sich vor dem Königssohn, der ihm den goldenen Schuh reichte. Da setzte es sich auf einen Schemel, zog den Fuß aus dem schweren Holzschuh und steckte ihn in den Pantoffel, der war wie angegossen."

In dem Augenblick, in dem das schmutzige Aschenputtel seinen zierlichen Fuß in den Pantoffel steckt, verschmelzen die Ballkönigin vom Vortag und die Magd zu einer Person – Aschenputtel findet ihre wahre Identität. Das Hin und Her der Gefühle, das die Pubertät kennzeichnet, wo man an einem Tag in Phantasien über die Unwiderstehlichkeit der eigenen Schönheit schwelgt und am nächsten unter seiner vermeintlichen Häßlichkeit und Grauheit leidet, ist zu Ende. Diese extremen Gefühlsschwankungen sind mit dem Eingehen einer echten Partnerschaft vorbei. Und in dem Moment, in dem Aschenputtels Fuß in den Schuh schlüpft, erlebt sie etwas, das ihre falschen Schwestern sich mit Blut und Schmerz erkaufen wollten, aber scheitern mußten, weil so, mit betrügerischer Absicht, keine Liebe möglich ist: der Schuh umschließt den Fuß wie angegossen. Der Prinz und Aschenputtel haben sich und das Glück der geschlechtlichen Vereinigung gefunden, die wie von selbst erfolgt, ohne „Amputation" und Krampf, wie es Stiefmutter und Stiefschwestern versucht haben. Die Symbolkraft dieses Bildes, in dem der Fuß in den goldenen Schuh schlüpft, ist jedem, der es auf sich wirken läßt, unmittelbar nachvollziehbar.

„Als sie an dem Haselbäumchen vorbeikamen, riefen die zwei weißen Täubchen:

‚Rucke di guck, rucke di guck,
Kein Blut ist im Schuck:
Der Schuck ist nicht zu klein,
Die rechte Braut, die führt er heim.‘ “

Das andere Geschlecht

»DER FROSCHKÖNIG«
oder
»DER EISERNE HEINRICH«

Wer den Umgang pubertierender Jungen und Mädchen miteinander beobachtet, wird feststellen, daß da oft starke Kräfte der Anziehung wie auch der „Abstoßung“ gleichzeitig *wirken. Das ergibt ein seltsam zwiespältiges Bild. Man zeigt „kalte Schultern“ und heuchelt Desinteresse oder brüstet sich im Kreis von Freunden und Freundinnen seiner intimen Erfahrungen, wird aber weder über das eine noch über das andere recht froh. Emotionale Ambivalenz ist kennzeichnend für dieses Alter.*

Die wichtige Frage, die von den romantisch-verklärenden Klischeebildern von der „großen Liebe“ eher verschleiert wird, ist dabei: Wie findet man den Weg zu einem Liebes-Partner durch all diese Gefühlsverwirrungen hindurch?

„In den alten Zeiten, wo das Wünschen noch geholfen hat...“, so beginnt nicht nur „Der Froschkönig oder der eiserne Heinrich“, sondern mit diesen Worten werden wir überhaupt in die Märchenwelt eingeführt, die die Brüder Grimm in ihrem Werk gesammelt haben; denn es ist das erste der rund 200 aufgezeichneten Volksmärchen.

Als das Wünschen noch geholfen hat, war die Zeit sicher „märchenhaft“, so sollte man meinen. In den neuen Zeiten, die so rationalistisch ausgerichtet sind, träumt man nur heimlich von der magischen Wirkung des Wunsches – oder auch des Glaubens. Was wir aber über dem Träumen von den alten Zeiten nicht vergessen dürfen, ist, daß die magische Wirkung des Wünschens mit der uns eher unangenehmen Möglichkeit des „Ver-Wünschens“ Hand in Hand geht, zwei Seiten derselben Medaille. Daß etwas „verwünscht“ sein kann, daß an manchen Tagen die Dinge wie „verhext“ sind, dieser Glaube schlummert im geheimen immer noch in uns, ein Stückchen Aberglaube, das niemandem schadet.

Das Märchen „Der Froschkönig oder der eiserne Heinrich“ handelt ebenfalls von einer Verwünschung, aber auch – notwendigerweise, denn sonst wäre es ja kein „richtiges“ Märchen – von einer Erlösung: Der Wunsch, daß alles wieder gut werden möge, geht also in Erfüllung. Der Weg zur Erlösung, zur Auflösung einer bösen Verzauberung, macht die eigentliche Handlung aus. Am besten fangen wir noch einmal ganz von vorn an:

„In den alten Zeiten, wo das Wünschen noch geholfen hat, lebte ein König, dessen Töchter waren alle schön; aber die jüngste war so schön, daß die Sonne selber, die doch so vieles gesehen hat, sich verwunderte, so oft sie ihr ins Gesicht schien. Nahe bei dem Schlosse des Königs lag ein großer dunkler Wald, und in dem Walde unter einer alten Linde war ein Brunnen; wenn nun der Tag recht heiß war, so ging das Königskind hinaus in den Wald und setzte sich an den Rand des kühlen Brunnens: und wenn sie Lange-

weile hatte, so nahm sie eine goldene Kugel, warf sie in die Höhe und fing sie wieder; und das war ihr liebstes Spielwerk.“

Zu Beginn des Märchens ist die Königstochter also noch ein kleines verspieltes Mädchen, dessen Schönheit zwar schon besonders betont wird, das aber doch noch ein richtiges Kind ist. Es vertreibt sich die Zeit mit Ballspielen. Allerdings spielt es allein – wir erfahren nicht, ob es ihm an Spielgefährten mangelt, was angesichts der Schwestern unwahrscheinlich ist, oder ob es dies freiwillig tut: Vielleicht liebt es die Einsamkeit und die Beschäftigung mit sich selber.

Die Konzentration auf die eigene Person, der Hang zum Alleinsein an einem Lieblingsort, wo man ungestört seinen Wünschen und Sehnsüchten nachhängen kann, ist allerdings schon ein typisches Kennzeichen für die vor- und frühpubertäre Phase. So relativiert sich das eingangs gezeichnete Bild von dem unschuldig-naiven Kind. Auch der große dunkle Wald, in den das Mädchen zum Spielen geht, deutet auf eine baldige krisenhafte Veränderung. Ein finsterer und tiefer Wald birgt im Märchen ja immer dunkle und geheimnisvolle, oft auch gefährliche Mächte.

Und die Katastrophe, die wir erahnen, läßt nicht allzulange auf sich warten:

„Nun trug es sich einmal zu, daß die goldene Kugel der Königstochter nicht in ihr Händchen fiel, das sie in die Höhe gehalten hatte, sondern vorbei auf die Erde schlug und geradezu ins Wasser hineinrollte. Die Königstochter folgte ihr mit den Augen nach, aber die Kugel verschwand, und der Brunnen war tief, so tief, daß man keinen Grund sah. Da fing sie an zu weinen und weinte immer lauter und konnte sich gar nicht trösten.“

Wir können gut verstehen, daß die Prinzessin über den Verlust ihres liebsten Spielzeuges traurig ist, zumal die

Kugel aus Gold und somit von beträchtlichem Wert ist, aber als Königstochter könnte sie sich sicher eine neue leisten, und so befremdet uns das Ausmaß ihrer Verzweiflung, ihr nicht endenwollendes und immer lauter werdendes Klagegeschrei doch einigermaßen.

Die Kugel ist offenbar mehr als ein bloßes „Spielwerk", wir werden sie gleich noch einmal drehen und wenden, um hinter ihre Bedeutung zu kommen. Doch zunächst wollen wir sehen, was weiter passiert:

„Und wie sie so klagte, rief ihr jemand zu: ‚Was hast du vor, Königstochter? Du schreist ja, daß sich ein Stein erbarmen möchte.' – Sie sah sich um, woher die Stimme käme, da erblickte sie einen Frosch, der seinen dicken, häßlichen Kopf aus dem Wasser streckte. – ‚Ach, du bist's, alter Wasserpatscher', sagte sie. ‚Ich weine über meine goldene Kugel, die mir in den Brunnen hinabgefallen ist.' – ‚Sei still und weine nicht', antwortete der Frosch, ‚ich kann wohl Rat schaffen, aber was gibst du mir, wenn ich dein Spielwerk wieder heraufhole?' – ‚Was du haben willst, lieber Frosch', sagte sie, ‚meine Kleider, meine Perlen und Edelsteine, auch noch die goldene Krone, die ich trage.' – Der Frosch antwortete: ‚Deine Kleider, deine Perlen und Edelsteine und deine goldene Krone, die mag ich nicht: aber wenn du mich liebhaben willst, und ich soll dein Geselle und Spielkamerad sein, an deinem Tischlein neben dir sitzen, von deinem goldenen Tellerlein essen, aus deinem Becherlein trinken, in deinem Bettlein schlafen: wenn du mir das versprichst, so will ich hinuntersteigen und dir die goldene Kugel wieder heraufholen.' "

Der Frosch taucht also auf – und dies im doppelten Sinn des Wortes –, weil sich die Königstochter gar nicht über den Verlust ihrer goldenen Kugel hinwegtrösten kann – und er bietet ihr seine Hilfe an. Diese goldene Kugel enthält gleich zwei Symbole der Vollkommenheit und In-sich-Geschlossenheit: „Gold" und „Kugel". Man kann sagen, daß die goldene Kugel die in sich ruhende Persönlichkeit des Mädchens symbolisiert, die Einheit mit sich selber. Aber die innere Zerrissenheit, der Ein-Bruch ihrer Kinderwelt bleibt auch ihr nicht erspart. Er hatte sich ja schon angekündigt, indem sie sich die Nähe des „großen und dunklen Waldes" zum Spielen ausgesucht, und jetzt, da sie ihr Liebstes verliert, will sie gar verzweifeln: Die goldene Kugel, das, womit sie sich am liebsten beschäftigt hat, fällt in den tiefen dunklen Brunnen – das Mädchen (oder der Junge!) wird uneins mit sich selber. Und: Die Königstochter kann den Ball nicht selber wieder heraufholen, sie braucht dazu die Hilfe eines anderen. „Übersetzt" heißt das: Kinder in der Pubertät haben ihre kindliche Naivität und ihr ursprüngliches Selbstvertrauen verloren und müssen die daraus resultierende innere Gespaltenheit durch einen wichtigen Schritt vorwärts wieder überwinden: durch die Partnerschaft mit dem anderen Geschlecht.

Wie sehr die Königstochter unter dem Verlust der Einheit mit sich selber leiden muß, zeigt sich daran, daß sie bereit ist, dem Frosch all ihre materiellen Schätze zu geben, selbst ihre Krone, das Insignum ihrer Königswürde, wenn er nur die Kugel wieder beischafft. Aber der Frosch hat gar kein Interesse an Perlen und Gold, er will etwas ganz anderes: er will ihr „Geselle" sein, Tisch und Bett mit ihr teilen – ein recht eindeutiges Angebot. Und darüber hinaus soll sie ihn noch „liebhaben" – er macht also eine echte Liebesbeziehung zur Bedingung für seine Hilfe. Und die Königstochter verspricht ihm all das, nur um ihre goldene Kugel wieder zu bekommen. Aber in Wirklichkeit ist sie noch keinesfalls bereit, sich auf das Angebot nach intimem Zusammenleben, das ihr der Frosch ja gemacht hat, einzulassen. Sie weigert sich einfach zu glauben, daß dies Realität werden könnte – und weist es in Gedanken weit von sich, denn insgeheim denkt sie sich:

„Was der einfältige Frosch schwätzt, der sitzt im Wasser bei seinesgleichen und quakt und kann keines Menschen Geselle sein."

So springt sie denn auch davon, kaum daß sie ihren Ball wieder in Händen hält – wie ein kleines Mädchen. Sie ist auch wieder für kurze Zeit das kleine Mädchen, denn sie ist erneut im Besitz der goldenen Kugel. Aber wie das für die Zeit der Pubertät typisch ist, dauert dieser Rückfall in das Kindsein nicht lange. Der Frosch holt sie ein, verlangt, daß sie ihr Versprechen einlöst und folgt ihr, als sie keine Notiz von seinem Rufen nimmt, bis zum Schloß ihres Vaters. Sie will ihn mit seinen Ansprüchen nicht wahrhaben, sie verdrängt ihn und das, was er für sie verkörpert, wie der Psychologe sagt. Aber das gelingt ihr nur bis zum nächsten Tag. Dann klopft nämlich der Frosch an die Tür des Schlosses und verlangt Einlaß:

„Königstochter, jüngste,
Mach mir auf,
Weißt du nicht, was gestern
Du zu mir gesagt
Bei dem kühlen Brunnenwasser?
Königstochter, jüngste,
Mach mir auf."

Damit versetzt er die Königstochter in Angst und Schrecken. Selbst ihrem Vater fällt ihre Verstörtheit auf:

„Der König sah wohl, daß ihr das Herz gewaltig klopfte, und sprach: ‚Mein Kind, was fürchtest du dich, steht etwa ein Riese vor der Tür und will dich holen?' – ‚Ach nein', antwortete sie, ‚es ist kein Riese, sondern ein garstiger Frosch.' – ‚Was will der Frosch von dir?'"

Nachdem ihm seine Tochter die gestrige Begebenheit erzählt hat, weiß der König wohl, was der Frosch von ihr will – und er besteht auf der Einhaltung des gegebenen Versprechens. Sie muß die Tür öffnen: Man kann nicht mehr die Flucht zurück antreten, wenn man erst mal den entscheidenden Schritt nach vorn getan hat. Die Königstochter windet sich, um die Nähe des Frosches zu vermeiden, und dieser hat es nur der väterlichen Autorität zu verdanken, daß er auf ihrem Stuhl und mit ihr essen darf.

Aber das Drama ist noch keinesfalls zu Ende, im Gegenteil, jetzt spitzt sich die Sache erst richtig zu:

„Endlich sprach er: ‚Ich habe mich sattgegessen und bin müde; nun trag mich in dein Kämmerlein und mach dein seiden Bettlein zurecht, da wollen wir uns schlafen legen.' – Die Königstochter fing an zu weinen und fürchtete sich vor dem kalten Frosch, den sie nicht anzurühren getraute, und der nun in ihrem schönen reinen Bettlein schlafen sollte. Der König aber ward zornig und sprach: ‚Wer dir geholfen hat, als du in der Not warst, den sollst du hernach nicht verachten.'"

Der alte König ist ein kluger Mann: Er besteht darauf, daß sich die schöne Prinzessin auf den ekligen Frosch einläßt. Er akzeptiert, ja fordert also, daß seine Tochter ihre Liebe vom Vater auf den Liebhaber, auf den „Bettgesellen", überträgt. Eine ähnliche Konstellation hatten wir ja auch schon im „Aschenputtel", wo die Hilfe des Vaters bei der Suche nach dem schönen Mädchen wichtig war, um die väterliche Bereitschaft zur Freigabe der Tochter deutlich zu machen.

Nun läßt sich im Falle des „Froschkönigs" sofort einwenden, daß von Liebe ja nun weiß Gott nicht die Rede sein kann! Die Königstochter empfindet nur Ekel und Abscheu, ihr graust's ordentlich vor dem kalten und glitschigen Gesellen – und wir können sie nur allzugut verstehen: Wer möchte schon einen Frosch im Bett haben!

Warum muß ihr Freier auch gerade ein Frosch sein?

Nun, er scheint – aus einer etwas allgemeineren Perspektive gesehen – sehr gut die zwiespältigen Gefühle zu verkörpern, die das Mädchen seit dem Eintritt in die Pubertät erlebt: Einerseits braucht es, wünscht es sich einen Partner, aber andererseits scheut es die Berührung mit ihm, und je mehr der „Frosch" drängt, um so mehr steigert sich die Scheu zu Widerwillen und Wut. Er ist aber auch wirklich ein ausgesprochen zudringlicher Kerl, der sich durch nichts abwimmeln läßt. Mit anderen Worten: Die Pubertierende kommt durch die Probleme mit ihrer fordernden Triebhaftigkeit nicht mehr zur Ruhe.

In einer engeren Betrachtungsweise erscheint der Frosch unter allen Tieren als *das* Sexsymbol – so sagt er ja auch zum Beispiel die Empfängnis Dornröschens voraus. Der Frosch scheint sehr gut einen Teil der zwiespältigen Gefühle zu verkörpern, die mit der Sexualität verbunden sind: Er ist feucht und glitschig – und die Prinzessin fürchtet um ihr sauberes Bett, sie hat Angst, daß er es verunreinigen könnte. Darüber hinaus erweckt die Fähigkeit des Frosches, sich aufzublasen, Assoziationen an die Erektionsfähigkeit des Mannes.

Das alles ist Grund genug für die schöne Prinzessin, dem Frosch mit Widerwillen zu begegnen, der sich bis zu unerträglichem Ekel steigert. Nachdem der König ihr befohlen hat, das Tier mit aufs Zimmer zu nehmen, passiert folgendes:

„Da packte sie ihn mit zwei Fingern, trug ihn hinauf und setzte ihn in eine Ecke. Als sie aber im Bett lag, kam er gekrochen und sprach: ‚Ich bin müde, ich will schlafen so gut wie du: heb mich herauf, oder ich sag's deinem Vater.' – Da ward sie erst bitterböse, holte ihn herauf und warf ihn aus allen Kräften wider die Wand. – ‚Nun wirst du Ruhe haben, du garstiger Frosch.' Als er aber herabfiel, war er kein Frosch, sondern ein Königssohn mit schönen und freundlichen Augen. Der war nun nach ihres Vaters Willen

ihr lieber Geselle und Gemahl. Da erzählte er ihr, er wäre von einer bösen Hexe verwünscht worden, und niemand hätte ihn aus dem Brunnen erlösen können als sie allein, und morgen wollten sie zusammen in sein Reich gehen."

Die Verwandlung des Frosches in einen schönen Prinzen erfolgt also sozusagen mit Knall und Fall. Sie scheint zunächst unverständlich, denn die Königstochter tut dem Frosch nichts Gutes. Aber der Prinz sagt ja auch nicht, daß seine Entzauberung durch den Wurf an die Wand erfolgt ist, sondern daß sie ihn aus dem Brunnen erlöst habe. Indem sie sich also überhaupt erst auf ihn eingelassen hat, hat sie ihn entzaubert. Die Kontaktaufnahme mit dem Frosch – und vor allem mit dem, was er verkörpert – scheint also der entscheidende Schritt zu sein. Daß das Mädchen ihn dann in höchstem Widerwillen gegen die Wand schleudert, also seine Gefühle voll auslebt, auch wenn sie problematisch und destruktiv sind, sie also nicht unterdrückt, bringt schließlich alles zu einem guten Ende.

Man verbaut sich sein Glück nicht dadurch, daß man zunächst mit seinen Gefühlen nicht klar kommt, gerade, was die Sexualität betrifft. Im Gegenteil: Aus jedem ekligen Frosch kann irgendwann ein Partner werden – das ist die Hoffnung, die das Märchen gibt.

Der Königssohn mit den „schönen und freundlichen Augen" erzählt seiner Prinzessin dann, er sei von einer bösen Hexe verwünscht worden. Warum, das erfährt man nicht – und auch nicht, was es mit der Hexe und dem Verhexen überhaupt auf sich hat.

Es gibt viele solcher Märchen, in denen einer der Märchenhelden, meist ist es der männliche Partner, in ein Tier verzaubert worden ist. Am bekanntesten sind wohl der Froschkönig, um den es hier geht, und der Bär in „Schneeweißchen und Rosenrot". Eine Verhexung oder Verzauberung in eine tierhafte, tierische Gestalt bedeutet immer, daß dem Helden das, was ihn eigentlich zum Menschen macht, abgesprochen wird. Er ist kein

„Mensch wie du und ich“. So denkt ja auch die Prinzessin: Der kann ja doch nicht aus dem Brunnen heraus, der muß bei seinesgleichen sitzenbleiben und kann überhaupt „keines Menschen Geselle sein“.

Man muß sich aber vor Augen halten, daß dies die Sichtweise dieser Prinzessin ist: Sie spricht zwar mit ihm und braucht seine Hilfe, erlebt ihn aber eben als „Frosch“ und fühlt sich entsprechend abgestoßen. Gefühle von Scham und Abgestoßensein sind bei den Kindern in der Pubertät aber gerade oft mit der Sexualität verbunden.

Viele Versionen dieses Tiermärchens, das wahrscheinlich schon aus dem 13. Jahrhundert stammt, sind weniger prüde als die Grimmsche Fassung und verdeutlichen, worauf es bei der Erlösung aus der tierischen Gestalt ankommt: In einer sehr frühen Version muß zum Beispiel die Prinzessin den Frosch küssen, während er neben ihr im Bett liegt, sie muß also erst einmal ihren Ekel überwinden, und dann müssen sie drei Wochen zusammen schlafen, bevor die Verwandlung erfolgt und aus dem Frosch ein Prinz wird. Dadurch wird der Zeit, der Praxis der geschlechtlichen Gemeinschaft, ihr angemessenes Gewicht gegeben; denn von heute auf morgen lassen sich von früh auf anerzogene sexuelle Tabus bekanntlich nicht durchbrechen.

Die Märchen von der Entzauberung eines Tierbräutigams oder einer Tierbraut sind durch drei Merkmale zu kennzeichnen: Da ist einmal die Wichtigkeit des Vaters, der von seiner Tochter fordert oder es zumindest akzeptiert, daß sie sich auf das Tier einläßt, während die Mutter völlig in den Hintergrund tritt. Zum zweiten ist die Unklarheit darüber, auf welche Weise und warum der Partner in ein Tier verwandelt worden ist, ein typisches Detail. Zum dritten ist es meist eine Frau, die die Verzauberung vornimmt. Wie kann man diese auffallenden Parallelen erklären?

Daß der Vater seine Tochter freigeben muß, wenn er nicht seinen eigenen Schatten über ihr Liebesleben werfen will, haben wir oben schon ausführlicher besprochen. Warum ist aber meist eine Hexe bei der Verzauberung am Werk? Vordergründig betrachtet läßt sich feststellen, daß bislang in unserem abendländischen Kulturkreis die Sexualität sehr früh mit einem Tabu belegt war und immer noch ist. Die sexuelle Tabuisierung ist in allen Gesellschaften, die ein Inzestverbot kennen, auffindbar; sie ermöglicht es, daß ein so intimes Familienleben, wie wir es in der Kleinfamilie kennen, ohne allzu große Schwierigkeiten ablaufen kann. Deshalb kann man, vom kindlichen Erleben her gesehen, auch gar nicht sagen, wann diese Verdrängung – oder Verzauberung – erfolgt ist, weil das meist geschieht, bevor das Kind seine Umwelt bewußt mit dem Verstand begreift. Und weil in unserer Kultur in der Regel die Frau die Erziehung der Kinder übernimmt, ist sie es auch, die als Zauberin erscheint. Sie versieht somit – und dies gilt verstärkt für die Vergangenheit, während sich gegenwärtig Veränderungen abzeichnen – auch ihrerseits meist unbewußt, die geschlechtlichen Aspekte des Menschen mit einer bedrohlichen und abstoßenden Färbung. Erst die sexuelle Partnerschaft zwischen Erwachsenen konnte (und kann) diesen „Zauber" wieder auflösen, das gefährliche oder abstoßende Tier in uns wieder vermenschlichen.

Auf einer allgemeineren Ebene kann man natürlich sagen, daß das Tierische in uns als ein Teil, und zwar der ältere Teil im Vergleich zur Errungenschaft des menschlichen Bewußtseins, unserer Existenz zu verstehen ist, und zwar sowohl phylogenetisch, also menschheitsgeschichtlich, als auch ontogenetisch, von der Entwicklung des einzelnen menschlichen Individuums aus gesehen. Und es ist nicht nur der ältere Anteil, sondern durchaus auch der mächtigere: Das Bewußtsein des Menschen, sein Geist und sein Verstand, ist immer in der Gefahr, vom Unbewußten, vom menschlichen Existenzhintergrund in all seiner Triebhaftigkeit also, überschwemmt zu werden, sich zu verlieren. Bei Erwachsenen wird dieser Zustand als

Krankheit des „Geistes“, als „Geisteskrankheit“ diagnostiziert. Bei Kindern ist dieses Überschwemmtwerden von Gefühlswogen völlig normal. Das Unbewußte aber als Ausgangspunkt aller Existenz, als Mutter Natur, wird immer als weiblich erlebt. Deshalb findet auch seine unversteh- und unerklärbare Macht in der Gestalt der Hexe, die diesen bedrohlichen mütterlichen Teil verkörpert, seinen passenden Ausdruck in den Märchen. Da wir die „Verzauberung“ rational nicht in den Griff bekommen können, da wir ihr ausgeliefert und ihrer nie mächtig werden können, ist auch nichts über das wie und warum gesagt. Es geschieht einfach im Leben.

Wie erlösend, wie befreiend es aber ist, im Einklang mit diesem Existenzhintergrund, mit seiner eigenen Triebhaftigkeit zu sein, das verdeutlicht die Geschichte vom eisernen Heinrich, die sich an die vom Froschkönig anschließt und eng mit ihr verknüpft ist; so heißt das Märchen ja auch nicht einfach „Der Froschkönig“, sondern:

„Der Froschkönig *oder* der eiserne Heinrich“. Der „eiserne Heinrich“, das ist der treue Diener des verwunschenen Königssohnes: Nach der Erlösung schlafen die beiden Königskinder,

„und am anderen Morgen, als die Sonne sie aufweckte, kam ein Wagen herangefahren, mit acht weißen Pferden bespannt, die hatten weiße Straußfedern auf dem Kopf und gingen in goldenen Ketten, und hinten stand der Diener des jungen Königs, das war der treue Heinrich. Der treue Heinrich hatte sich so betrübt, als sein Herr war in einen Frosch verwandelt worden, daß er drei eiserne Bande hatte um sein Herz legen lassen, damit es ihm nicht vor Weh und Traurigkeit zerspränge. Der Wagen aber sollte den jungen König in sein Reich abholen; der treue Heinrich hob beide hinein, stellte sich wieder hinten auf und war voller Freude über die Erlösung. Und als sie ein Stück Wegs gefahren waren, hörte der Königssohn, daß es hinter ihm krachte, als wäre etwas zerbrochen. Da drehte er sich um und rief:

‚Heinrich, der Wagen bricht.‘
‚Nein, Herr, der Wagen nicht,
Es ist ein Band von meinem Herzen,
Das da lag in großen Schmerzen,
Als Ihr in dem Brunnen saßt,
Als Ihr eine Fretsche wast.‘

Noch einmal und noch einmal krachte es auf dem Weg, und der Königssohn meinte immer, der Wagen bräche, und es waren doch nur die Bande, die vom Herzen des treuen Heinrich absprangen, weil sein Herr erlöst und glücklich war.“

„Der Froschkönig *oder* der eiserne Heinrich“ heißt das Märchen und es handelt vom „Wünschen und Verwünschen“, oder, konkreter gesprochen: davon, wie man sich selber als Mann oder Frau akzeptieren lernt. Das, was einem in die Wiege gelegt worden ist und das, was man in der Kindheit erlebt hat, ist zu einer geschlechtlichen Identität, einer Identität als Frau oder Mann also, zu integrieren.

Das Märchen drängt diese Entwicklung in eine Zeitspanne von zwei Tagen zusammen. Im wirklichen Leben dauert es Jahre, wenn nicht Jahrzehnte, bis man die Erlösung erlebt und einem die eisernen Bande vom Herzen springen.

Das Märchen vom Froschkönig schildert die Entwicklung zur reifen Persönlichkeit quasi im Zeitraffertempo: Am Anfang ist die Königstochter noch ein kleines Mädchen, dessen in sich geschlossene Persönlichkeit durch die goldene Kugel symbolisiert wird. Außerdem springt es noch im Garten herum und spielt Ball. Dann kommt der Bruch, das Einsetzen der Pubertät; das Königskind verliert seinen Ball, ist todtraurig darüber und erhält Hilfe in der Not vom Frosch. Aber es kann sich nicht damit abfinden, daß dieser Frosch mit dem, was er darstellt, von nun an sein Gefährte sein soll. Es wäre gern das kleine Mädchen geblieben; der Abschied von dem für es unproblematischen Kinderleben fällt ihm sehr schwer. Das sieht man auch daran, daß es alles versucht, die Begegnung mit dem Frosch zu verdrängen. Es macht sich vor, der Frosch wäre nicht in der Lage, es einzuholen. Aber bald muß es erkennen, daß das ein Irrtum ist, denn der Frosch besteht auf der Einhaltung des ihm gegebenen Versprechens. Man kann sich nicht einfach weigern, sexuell reif und erwachsen zu werden. Das weiß auch der Vater, auf dessen Drängen hin die Tochter schließlich die Gesellschaft des Frosches duldet. Aber akzeptieren kann sie ihn trotzdem nicht mit dem, was *er ihr* „verspricht". Es kommt zu einer heftigen Szene, in der all ihre Abwehr hervorbricht – eine Art seelische Reinigung: Der Affektstau wird aufgelöst. Und dann ist alles gut: Der Frosch hat schöne und freundliche Augen und das Mädchen ist froh, daß es nun so einen lieben „Gesellen und Gemahl" hat.

Die wiedergefundene Einheit

»BRÜDERCHEN UND SCHWESTERCHEN«

Welches Bild haben wir von der „reifen Persönlichkeit"? Es gibt Menschen, die wir bewundern, weil sie aus ihrer eigenen Mitte zu leben scheinen, in Eintracht und Einheit mit sich selber. Identität ist aber keineswegs ausschließlich eine Frage des Alters. Was heißt aber „Selbstfindung"? Sicher nicht, daß man sich jetzt, als Person, ein für allemal „gefunden" hat, so, wie man über ein wertvolles Schmuckstück auf der Straße stolpern kann. Man findet sich aber nicht als etwas, das zufällig auf dem Lebensweg lag.

Man kann die eigene Identität nicht „haben", man kann sie nur „sein". Die menschliche Persönlichkeitsentwicklung ist nie abgeschlossen, sondern vielen Einflüssen ausgesetzt und offen für Wandlungen.

Es kann immer nur darum gehen, in diesem Prozeß des Austausches zwischen Ich und Welt einen Rhythmus zu finden, der einen Ausgleich des Gebens und Nehmens ermöglicht. In dieser Bewegung von Geben und Nehmen sind die Bedürfnisse nach Symbiose ebenso enthalten wie die nach Unabhängigkeit.

Nur so ist es möglich, in der fortwährenden Veränderung sich selbst zu sein, sich zu „finden", ohne sich zu „haben".

Wie der „Froschkönig“ zu einer bestimmten Gattung von Märchen gehört, nämlich zu denjenigen, die die Verzauberung der Braut oder des Bräutigams in eine tierische Existenz und die Erlösung davon zum Thema haben, so gibt es auch eine ganze Gruppe von Märchen, die nach demselben Muster aufgebaut sind wie „Brüderchen und Schwesterchen“. Am Anfang leben zwei Geschwister unzertrennlich zusammen und sind *ein Herz und eine Seele.* Zu einem gewissen Zeitpunkt ihres Heranwachsens wird das eine in ein Tier verwandelt, das andere jedoch nicht. Am Ende, nach bestandenen Prüfungen und Schicksalsschlägen, erhält das Tier wieder seine menschliche Gestalt zurück; die Geschwister kommen wieder zusammen und trennen sich nie mehr.

In „Brüderchen und Schwesterchen“ sind es die Machenschaften der bösen Stiefmutter, die den Bruder in eine Tierexistenz zwingen.

„Brüderchen nahm sein Schwesterchen an der Hand und sprach: ‚Seit die Mutter tot ist, haben wir keine gute Stunde mehr; die Stiefmutter schlägt uns alle Tage, und wenn wir zu ihr kommen, stößt sie uns mit den Füßen fort. Die harten Brotkrusten, die übrigbleiben, sind unsere Speise, und dem Hündlein unter dem Tisch geht's besser: Dem wirft sie doch manchmals einen guten Bissen zu. Daß Gott erbarm', wenn das unsere Mutter wüßte! Komm, wir wollen miteinander in die weite Welt gehen.‘ – Sie gingen den ganzen Tag über Wiesen, Felder und Steine, und wenn es regnete, sprach das Schwesterchen: ‚Gott und unsere Herzen, die weinen zusammen!‘ – Abends kamen sie an einen großen Wald und waren so müde von Jammer, Hunger und dem langen Weg, daß sie sich in einen hohlen Baum setzten und einschliefen.

Am anderen Morgen, als sie aufwachten, stand die Sonne schon hoch am Himmel und schien heiß in den Baum hinein. Da sprach das Brüderchen: ‚Schwesterchen, mich dürstet; wenn ich ein Brünnlein wüßte, ich ging und tränk einmal; ich mein, ich hört' eins rauschen.' – Brüderchen stand auf, nahm Schwesterchen an der Hand, und sie wollten das Brünnlein suchen. Die böse Stiefmutter aber war eine Hexe und hatte wohl gesehen, wie die beiden Kinder fortgegangen waren, war ihnen nachgeschlichen, heimlich wie die Hexen schleichen, und hatte alle Brunnen im Walde verwünscht. Als sie nun ein Brünnlein fanden, das so glitzerig über die Steine sprang, wollte das Brüderchen daraus trinken; aber das Schwesterchen hörte, wie es im Rauschen sprach: ‚Wer aus mir trinkt, wird ein Tiger; wer aus mir trinkt, wird ein Tiger.' Da rief das Schwesterchen: ‚Ich bitte dich, Brüderchen, trink nicht, sonst wirst du ein wildes Tier und zerreißest mich.' "

In dieser Eingangspassage steckt eigentlich schon alle wichtige Grundinformation über das Märchen. Die Spaltung der Mutterfigur in eine gute, aber leider tote Mutter einerseits und eine böse, aber höchst lebendige Stiefmutter andererseits haben wir ja schon öfter erlebt, in „Hänsel und Gretel" zum Beispiel und in „Aschenputtel". Sie kommt in vielen anderen Märchen vor, bekannt sind etwa noch „Schneewittchen" oder „Die drei Männlein im Walde". Wir wissen inzwischen, daß dieser „Kunstgriff" der seelischen Wirklichkeit des Kindes entspricht, das sich in der frühen Kindheit eins mit der Mutter fühlt und das spätere Erlebnis des Getrennt-Seins, der Distanz, als einen Verlust empfindet, so, als würde seine Mutter es nun verstoßen (natürlich tauchen diese Gefühle nur sporadisch auf, sie sind keineswegs immer präsent). An diesem Punkt wird aus der „guten" die „böse" Mutter. Brüderchen klagt ja auch im Märchen, daß die Mutter sie schlecht behandele und immer „von sich stoße", wenn sie zu ihr kämen. Die Erinnerung an die gute Mutter der Frühzeit ist noch in ihnen wach: „Gott erbarm', wenn das unsere Mutter wüßte!"

Aber die Trennung von der Mutter ist wichtig für das Kind, wenn es älter wird. Nur dann nämlich kann das

Kind seine eigenen Kräfte ausprobieren und selbständig werden. Eine Mutter, die ihr Kind nicht loszulassen vermag und es auf unangemessene Weise wie ein Baby behandelt, obwohl es keines mehr ist, sorgt ebenso dafür, daß ihr Kind kein gesundes Selbstvertrauen entwickeln kann wie eine, die es vernachlässigt. Ein Kind muß also durchaus mit Anforderungen konfrontiert werden – mit solchen natürlich, die seinem Alter entsprechend zu bewältigen sind – auch wenn es manchmal darauf verständlicherweise zunächst angstvoll reagiert. „Hänsel und Gretel" haben uns das ja deutlich vor Augen geführt.

„Brüderchen und Schwesterchen" versuchen ihr Problem mit der Mutter dadurch zu lösen, daß sie von zu Hause fortgehen. Das ist eine gute Möglichkeit, die Sache zum Besseren zu wenden. Wir werden sehen, was die beiden daraus machen. Auffällig ist, daß Brüderchen eindeutig die aktivere Rolle innehat: Es heißt zweimal, daß er das Schwesterchen an der Hand nimmt, einmal beim Aufbruch, wo er als der eigentliche Motor des Geschehens erscheint, und das andere Mal bei der Suche nach den Quellen. Er erscheint weitaus mehr „getrieben", seine Bedürfnisse zwingen ihn zum Handeln und weisen ihm den Weg. Auf die Funktion von Brüderchens aktiv-vorantreibender Rolle werde ich noch ausführlicher eingehen. Das Schwesterchen wirkt demgegenüber recht passiv, sie läßt sich eher mitziehen und scheint zum Jammern zu neigen. Aber immerhin ist sie es, die die warnende Stimme hört, die das Brüderchen offensichtlich nicht vernehmen kann, ein Punkt, den wir im Auge behalten müssen. Doch zunächst wollen wir sehen, wie die Geschichte weitergeht: Brüderchen nimmt also sein Schwesterchen an die Hand und geht mit ihm über Felder, Wiesen und Steine in einen großen Wald. Das ist immer ein Ort der Gefährdung, da wirken geheimnisvolle Mächte, die sich unserem Einfluß entziehen. Der große schwarze Wald ist der Dschungel der Seele.

Die beiden Kinder verbringen die Nacht im Wald, und

als sie am Morgen erwachen, hat Brüderchen einen unerträglichen Durst. Schwesterchen scheint nicht davon geplagt zu werden – obwohl man doch annehmen kann, daß sie genauso lange nichts mehr getrunken hat. Aber Brüderchen scheint stärker durch seine Bedürfnisse gelenkt und getrieben zu werden als das Schwesterchen: er muß jetzt unbedingt etwas trinken. Sie machen sich auf die Suche und finden eine Quelle, nur – sie ist verhext. Was kann das bedeuten?

Wenn man über das Bild der Quelle meditiert, erschließt sich einem der Sinn bald. „Brunnenvergifter“ wurden schon immer aufs schärfste bestraft, weil sie die Lebensgrundlagen einer menschlichen Gemeinschaft zu zerstören beabsichtigten. „Wasser“ ist immer „Lebenswasser“, denn es ist eine der zentralen Bedingungen unseres Lebens. Die Quellen zu vergiften, zu verhexen, so daß man kein Wasser des Lebens mehr daraus schöpfen kann, jemanden somit von den Quellen abzuschneiden, die ihm seine Existenz ermöglichen, ist wohl das Schlimmste, was man einem Menschen antun kann. Und wenn es die eigene Mutter ist, die einem den Lebensquell verhext hat, so findet man vor Entsetzen über diese Tat keine Worte. Daß dies aber auch in der Realität geschieht, davon zeugt die psychische Krankheit vieler Menschen. Die Verwünschung der Lebensquellen durch die Hexe deutet auf eine starke Mutterproblematik hin, deren Folgen für das spätere Leben in diesem Märchen thematisiert werden. Dabei zeigt es sich, daß diese Probleme keineswegs mit dem Weggehen von zu Hause von selbst gelöst sind, sondern ganz im Gegenteil durch die Trennung vom Elternhaus erst richtig virulent werden. Einerseits war es sicher notwendig und richtig für Brüderchen und Schwesterchen, die ihnen unerträglich gewordene Mutter zu verlassen, aber andererseits stürzt sie ihr Fortgehen in eine tiefe Lebenskrise. Sie haben sich zwar rein äußerlich von der Mutter losgesagt, sind aber noch keineswegs wirklich von ihren bedrohlichen Aspekten befreit. Das können sie auch gar nicht; denn das Mutterbild, das in ihren konkreten Erfahrungen mit der Mutter gründet, ist ja in ihnen und entfaltet dort seine Wirkung. Und weil sie insgeheim ihre Mutter für eine Hexe halten, die über geheimnisvolle Fähigkeiten verfügt, fühlen sie sich auch ständig von ihr bedroht. Werden sie es schaffen, sich von diesem übermächtigen Mutterbild, dieser dominierenden Muttergestalt freizumachen und sie selbst zu werden?

Es gelingt Schwesterchen zweimal, Brüderchen vom Trinken abzuhalten: Die erste Quelle sagt, von ihrem Wasser werde man ein Tiger, die zweite droht Brüderchen in einen Wolf zu verwandeln. Beim drittenmal kann Brüderchen nicht mehr widerstehen, und so wird es zu einem Rehkälbchen.

Das Verhalten von Schwesterchen und Brüderchen an den Quellen ist dabei sehr interessant. Immer ist es Brüderchen, das darauf drängt, seine Bedürfnisse zu befriedigen. Es ist triebhafter Natur. Diese Triebhaftigkeit hat sowohl ihre positiven wie ihre negativen Seiten. Einerseits hat sie ihm die Kraft gegeben, das eher phlegmatische Schwesterchen an die Hand zu nehmen und von zu Hause fortzugehen. Es ist von Anfang an die treibende Kraft, und auch später als Rehkälbchen scheint es viel stärker von seinen naturhaften Trieben geleitet zu werden als seine Schwester. Dies hat – wie gesagt – positive und negative Aspekte: So hat seine Jagdleidenschaft zur Folge, daß das Schwesterchen und der König sich finden und heiraten.

Hier an den Quellen wird ihm diese Triebhaftigkeit allerdings zunächst einmal zum Verhängnis. Zwar schafft es das Mädchen zweimal, seinen Bruder mit dem Hinweis vom Trinken abzuhalten, daß er es zerreiße, wenn er ein wildes Tier würde, aber dann ist die tierhafte Existenz doch über ihn gekommen, wenn auch in einer weniger „reißenden“ Form. Schwesterchen wirkt neben ihm vernunftbetont und vorsichtig, während Brüderchen auch als Rehkälbchen vernünftigen Argumenten nicht zugänglich und eher leichtsinnig ist. So will es unbedingt zur Jagd, auch als man es schon verwundet hat, und auf Schwesterchens Bitten, doch zu Hause zu bleiben, entgegnet es:

„So sterb' ich hier vor Betrübnis, wenn ich das Hifthorn höre, so mein' ich, ich müßt' aus den Schuhen springen."

Obwohl Brüderchen und Schwesterchen also unzertrennlich sind, sind sie doch sehr verschieden.

Das ist auch der Grund, weshalb dieses Märchen am Schluß meiner Betrachtungen steht; denn „Persönlichkeitsintegration" ist ein Ziel, das wir zeitlebens zu verwirklichen suchen, und die Arbeit an sich selber, die dazu notwendig ist, erfordert schon ein großes Stück persönlicher Reife und Belastbarkeit. „Brüderchen und Schwesterchen" ist ein Märchen, in dem gezeigt wird, wie schwierig es ist, sich von alten Fixierungen und Abhängigkeiten zu emanzipieren und die widersprüchlichen Wesensanteile in sich so miteinander zu verbinden, daß sie gut in „ein Herz und eine Seele" passen, ohne sich gegenseitig zu lähmen.

„Brüderchen und Schwesterchen" stehen für die „zwei Seelen in einer Brust", die wir alle haben, für unsere verschiedenen Persönlichkeitsanteile. Es ist unser aller Lebensziel, diese im Laufe unseres Lebens miteinander in Einklang zu bringen. Es ist der Frieden, den man mit sich selber schließt, der schließlich die Widersprüche der eigenen Seele verbindet.

Brüderchen und Schwesterchen sind aufeinander angewiesen, können ohne einander nicht sein – genausowenig wie man sich von einem Teil seiner selbst trennen könnte. Schwesterchen hätte ohne die treibende, naturbestimmte Kraft Brüderchens nie den Abschied, die Loslösung vom Elternhaus geschafft; denn dieser Bruder ist der Motor, der die Ereignisse in Gang hält, der dafür sorgt, daß ums Überleben gekämpft und das Leben zu einem Abenteuer wird. Er verkörpert sozusagen die Energie, aus der alles wird. Er ist es auch, der den König zu Schwesterchen bringt. Dieser folgt nämlich der Spur des Rehs mit dem goldenen Halsband, das in Wirklichkeit ein Strumpfband ist, also ein Attribut der erotischen Anziehungskraft. Brüderchen ist somit auch Träger sexueller Reize, was schlüssig in die Interpretation seiner naturhaften Existenz paßt. Der König, der durch Brüderchen das Schwesterchen findet und sich in sie verliebt, wird später für Schwesterchens Entwicklung von ausschlaggebender Bedeutung.

Brüderchen ist auf Schwesterchen, auf sein alter ego, aber genauso angewiesen wie sie auf ihn, deutlicher: auf ihre vernunftbetonte Führung. So hätte er ohne ihre Warnung schon aus der ersten Quelle getrunken und wäre dann zu einem reißenden Tiger geworden, ein anschauliches Bild dafür, was passiert, wenn der Verstand die Führung innerhalb einer Persönlichkeit zugunsten der trieb- und naturhaften Anteile aufgibt. Spätestens an der zweiten Quelle hätte dann Brüderchen sicherlich seinen Durst gestillt und wäre zu einem Wolf geworden, wenn Schwesterchen ihn nicht auch da noch mal zurückgehalten hätte. Typischerweise ist es immer Schwesterchen, das im Rauschen der Quelle die drohenden Worte hört.

Aus der Tatsache, daß Brüderchen aus der dritten Quelle dann doch trinkt, können wir zweierlei schließen. Erstens zeigt dies, daß die Gefährlichkeit der Verwandlung abnimmt – vom Tiger über den Wolf zum Reh. Das heißt aber auch, daß Schwesterchen immer weniger gefährdet ist, je länger Brüderchen sich von ihr führen läßt. Wenn sie ein Symbol für Wesensanteile wie Vernunft, Fürsorge und Bedachtsamkeit ist, dann wird klar, welche Wechselwirkung zwischen den beiden besteht: Hätten sich Brüderchens asoziale und zerstörerische Triebe in der Gestalt des Tigers niedergeschlagen und die Führung übernommen, dann wäre in den nachfolgenden Kämpfen das bewahrende Prinzip Schwesterchens untergegangen, das Unbewußte hätte über das Bewußtsein gesiegt.

Aber Brüderchen trinkt erst beim dritten Mal und wird dadurch zwar zu einem Tier, aber nicht zu einem Raubtier wie Tiger oder Wolf, sondern zu einem recht harmlosen, einem Reh.

Was bedeutet nun diese Verzauberung? Brüderchen hat von der verhexten Quelle getrunken und dadurch Schaden an der Einheit seiner Person genommen. War es vorher ein ganzer Mensch, so ist es jetzt seltsam gespalten: Es ist zwar noch der menschlichen Sprache mächtig, aber dennoch auf eine animalische Gestalt reduziert, unpassend für den menschlichen Lebensraum. In seiner Tierexistenz ist ihm all das genommen, was den Menschen zum Menschen macht: die Fähigkeit, sich selbst und seiner Umwelt rational gegenüberzutreten. Brüderchen verliert die Einheit seiner Persönlichkeit, die sich beim Menschen im Zusammenschluß von Verstand und Gefühl ergibt, und verliert dadurch auch die menschlichen Handlungsmöglichkeiten. Es muß jetzt geführt werden.

Das Schwesterchen übernimmt diese Führung. Es verstärkt seine fürsorglichen Fähigkeiten, versucht, das durch Brüderchens Verzauberung entstandene Vakuum in ihrer Beziehung auszugleichen. Es gilt jetzt offensichtlich, mit Bedacht, Überlegung und Geduld zu handeln.

„Nun weinte das Schwesterchen über das arme verwünschte Brüderchen, und das Rehchen weinte auch und saß so traurig neben ihm. Da sprach das Mädchen endlich: ‚Sei still, liebes Rehchen, ich will dich ja nimmermehr verlassen.' – Dann band es sein goldenes Strumpfband ab und tat es dem Rehchen um den Hals und rupfte Binsen und flocht ein weiches Seil daraus. Daran band es das Tierchen und führte es weiter und ging immer tiefer in den Wald hinein. Und als sie lange, lange gegangen waren, kamen sie endlich an ein kleines Haus, und das Mädchen schaute hinein, und weil es leer war, dachte es: Hier können wir bleiben und wohnen. – Da suchte es dem Rehchen Laub und Moos zu einem weichen Lager, und jeden Morgen ging es

aus und sammelte sich Wurzeln, Beeren und Nüsse, und für das Rehchen brachte es zartes Gras mit, das fraß es ihm aus der Hand, war vergnügt und spielte vor ihm herum. Abends wenn Schwesterchen müde war und sein Gebet gesagt hatte, legte es seinen Kopf auf den Rücken des Rehkälbchens, das war sein Kissen, darauf es sanft einschlief. Und hätte Brüderchen nur seine menschliche Gestalt gehabt, es wäre ein herrliches Leben gewesen."

Brüderchen und Schwesterchen ziehen sich nunmehr zurück. Sie konzentrieren sich auf sich selbst.

Im Märchen heißt es, sie gehen tiefer in den Wald hinein. Aus der Märchensprache übersetzt bedeutet das, daß eine Zeit der Selbstbesinnung, der ständigen Versuche, sich im „Wald" wohnlich einzurichten, also auch im Dunkel der eigenen Seele ein Zuhause zu finden, vonnöten ist. Es dauert jetzt eine lange Zeit, bis ein außergewöhnliches Ereignis ihre Ruhe stört.

Wenn man eine solche Krise durchgemacht hat, wie sie in der Geschichte von „Schwesterchen und Brüderchen" symbolisch geschildert wird, dann braucht man eine Zeit der Zurückgezogenheit, bevor man wieder einigermaßen gefestigt zu neuen Taten schreiten kann. Das außergewöhnliche Ereignis ist eine Jagd, die der König des Landes in jenem Wald veranstaltet. Das Hörnerblasen, das Hundegebell und die Rufe der Jäger erwecken in dem Reh eine so große Lust zum Mitmachen, daß das Mädchen sich erweichen und das Tier aus der Hütte läßt, nicht ohne ihm vorher das Versprechen abgenommen zu haben, ja abends wiederzukommen.

Es ist doch erstaunlich, daß ausgerechnet ein Reh von einem solchen Jagdfieber gepackt wird, ein Tier also, auf das die Jagd ja angesetzt ist. Man sollte doch meinen, es bliebe lieber zu Hause in Sicherheit. Das bemerkenswerte Verhalten des Rehes ist wohl ein weiterer Hinweis auf dessen vitale, vorwärtstreibende Kraft, die selbst in der langen Abgeschlossenheit nicht erloschen ist, zum Glück;

denn so wird Schwesterchen zur Königin. Lange Zeit leben der König, Schwesterchen und Brüderchen vergnügt – wie gesagt wird – zusammen auf dem Schloß.

Wenn das Märchen uns bis hierhin hauptsächlich vom Schicksal Brüderchens erzählt hat, von seinem aktiven Weggehen von zu Hause und seiner Verhexung, von seinem Jagdabenteuer und dem Leben mit Schwesterchen, das immer gleichbleibend fürsorglich, ja mütterlich erscheint, so berichtet es uns ab hier in seinem zweiten Teil von den weiteren Erlebnissen des Schwesterchens, von den Gefahren, die ihm drohen. Wieder ist der Ausgangspunkt der Gefährdungen die böse Stiefmutter, und die bösen Machenschaften setzen ein, als die junge Königin ein Kind zur Welt bringt. Der König ist abwesend – auf der Jagd –, als das Kind geboren wird, und die Stiefmutter-Hexe gibt sich die Gestalt der Kammerfrau.

Das sind zwei wichtige Aspekte: Die Abwesenheit des Königs ist ein Hinweis darauf, daß bei den Problemen, den psychischen Problemen, die eine Mutterschaft mit sich bringt, selbst der Ehemann nur wenig Hilfe zu leisten vermag. Schwesterchen ist allein und „schwach", wie es im Märchen heißt. Mutter zu werden stellt einen Bruch nicht nur in den bisherigen Lebensgewohnheiten, sondern auch im Selbstbild dar. Als Mutter ist man jemand anderes als vorher, man ist sich vielleicht zunächst selber noch fremd in dieser Rolle und hat Angst vor den weiteren Veränderungen, die Kinder mit sich bringen – und der Verantwortung. Deshalb fühlt die junge Königin sich so schwach. Sie hat einfach Angst. Und dieses Angsthaben ist eine völlig normale Reaktion – es hat nicht zu bedeuten, daß das Kind nicht sehnlichst erwartet worden wäre. Viele Mütter kennen diese Wochenbett-Depressionen, wo man sich kraftlos fühlt und all die neuen Aufgaben, die der neue Erdenbürger mit sich bringt, niemals zu schaffen glaubt. Die Tatsache, daß gerade zum Zeitpunkt der Geburt die böse Mutterfigur wieder auftaucht, weist darauf hin, daß man als Mutter überwiegend nur auf die Fähigkeiten zurückgreifen kann, die man früher von der eigenen Mutter mitbekommen hat.

Auch Schwesterchen ist also durch den negativen Mutterkomplex gefährdet – wie zuvor Brüderchen an den Quellen. Im größeren Zusammenhang läßt sich also auf eine Identitätskrise unserer Helden schließen: Wurde sie bei Brüderchen durch die Ablösung von der Mutter, durch das Verlassen des Elternhauses hervorgerufen, so bei Schwesterchen jetzt durch das Erlebnis der Mutterschaft selbst. Die Mutterproblematik steht im Vordergrund.

Das ist nicht verwunderlich: Sehen wir Brüderchen und Schwesterchen als eine ursprünglich zusammengehörige Einheit, als „ein Herz und eine Seele", so erzählt uns das Märchen davon, wie tiefgreifende Problemkomplexe (z.B. die Mutter) diese in den Figuren „Brüderchen" und „Schwesterchen" verkörperten Persönlichkeitsanteile schädigend beeinflussen können. Das „gute Ende" liegt darin, daß die Schädigungen wieder ausgeglichen und eine neue Einheit dessen, was zusammengehört, wieder hergestellt wird. Das ist ein Prozeß der Persönlichkeitsintegration, einfacher ausgedrückt: der Selbstfindung.

Aber wir sind bei der Stiefmutter stehengeblieben. Nicht nur sie taucht auf, sondern auch ihre böse Tochter, von deren Existenz im Märchen bislang noch nicht die Rede war. Und diese Tochter erhebt gegenüber ihrer hexenhaften Mutter den Anspruch, selber Königin zu sein.

„‚Sei nur still', sagte die Alte und sprach sie zufrieden, ‚wenn's Zeit ist, will ich schon bei der Hand sein.' – Als nun die Zeit herangerückt war und die Königin ein schönes Knäblein zur Welt gebracht hatte und der König gerade auf der Jagd war, nahm die alte Hexe die Gestalt der Kammerfrau an, trat in die Stube, wo die Königin lag, und sprach zu der Kranken: ‚Kommt, das Bad ist fertig, das wird euch wohltun und frische Kraft geben: geschwind, eh es kalt

wird.' – Ihre Tochter war auch bei der Hand, sie trugen die schwache Königin in die Badstube und legten sie in die Wanne: dann schlossen sie die Tür ab und liefen davon. In der Badstube aber hatten sie ein rechtes Höllenfeuer angemacht, daß die schöne junge Königin bald ersticken mußte. Als das vollbracht war, nahm die Alte ihre Tochter, setzte ihr eine Haube auf und legte sie ins Bett an der Königin Stelle. Sie gab ihr auch die Gestalt und das Ansehen der Königin, nur das verlorene Auge konnte sie ihr nicht wiedergeben."

Diese Passage ist sehr aufschlußreich in bezug auf die Probleme, mit denen die junge Königin, kaum Mutter geworden, zu kämpfen hat. Da tritt zum ersten die böse Mutterfigur wieder auf – wir haben dies schon als Wiederauftauchen eigener frühkindlicher Erinnerungen gedeutet. Zum zweiten haben wir plötzlich eine Doppelgängerin vor uns, von Gestalt und Ansehen dem Schwesterchen gleich, aber *auf einem Auge blind,* die ebenfalls Anspruch auf den Königsthron erhebt. Daß die beiden Figuren identisch sind, die eine allerdings als „böse", die andere als „gute" Gestaltung derselben Person, die sich äußerlich nur durch die Halbblindheit der bösen unterscheiden, wird uns noch interessieren, ebenso das Feuer, in dem die Königin erstickt.

Nach der Geburt des Kindes sorgt die böse Stiefmutter dafür, daß die „schöne" Königin beseitigt wird und die eigentlich „häßliche" an ihre Stelle tritt. Was heißt das? Es scheint, daß Schwesterchen über die Geburt in eine schwere seelische Krise geraten ist. Diese Krise wird daran sichtbar, daß die „gute" Königin verschwindet und statt dessen eine „böse" auftaucht. Natürlich ist die häßliche Tochter *auch* Schwesterchen. Das Prinzip ist ja ganz einfach: Das Märchen spaltet die verschiedenen Persönlichkeitsanteile einfach in verschiedene Figuren auf und verlegt somit innerseelisches Geschehen nach außen – wie auf einer Bühne, auf der dann das Drama in bestimmter

Rollenaufteilung abläuft. Die Aufspaltung der Tochterfigur funktioniert hier also genauso wie die schon mehrfach beschriebene Aufspaltung der Mutterfigur. Daß die Königin jetzt „falsch“ ist, heißt, daß in ihr etwas die Oberhand gewonnen hat, das nicht ihren wahren Möglichkeiten entspricht. Aber: Es hat zwar die Oberhand gewonnen, aber es macht nicht allein ihr Wesen aus; neben den „bösen“ Mutteranteilen bleibt ein Rest der guten Königin bewahrt, das werden wir im Märchen noch sehen. Die „falsche“ aber ist auf einem Auge blind, und selbst die sonst so allmächtige Hexe vermag das nicht zu ändern – ein Zeichen dafür, daß die Krise Schwesterchens darin besteht, nicht die „ganze“ Wahrheit sehen zu können. Diese „ganze“ Wahrheit liegt aber darin, alle seine *verschiedenen Wesensanteile zu akzeptieren* und harmonisch miteinander zu verbinden.

Die „falsche“ Königin sorgt zusammen mit der bösen Mutter dafür, daß die „gute“ in der Hitze des Bades erstickt, indem sie ein „rechtes Höllenfeuer“ anmachen. „Etwas ersticken“, es „abwürgen“ ist eine auch in der Alltagssprache gebräuchliche Metapher für den psychologischen Vorgang des gewaltsamen Unterdrückens bestimmter seelischer Regungen. Die Lebenskrise, in die die junge Frau durch die Geburt ihres ersten Kindes, durch diesen lebendigen Beweis ihrer sexuellen Identität geraten ist, läßt in der „Hitze des Gefechts“ zwischen ihren „guten“ und „bösen“ Persönlichkeitsanteilen zunächst die destruktiven, die dunklen Persönlichkeitsanteile, verkörpert in der halbblinden Doppelgängerin, siegen. Aber ihr sorgender, mütterlicher Wesenskern ist nur tagsüber unterdrückt – keinesfalls endgültig vernichtet, ist nicht wirklich tot. Nachts, wenn die böse Königin schläft, wenn ihr von dieser also keine Gefahr droht, fängt die gute wieder an zu leben: Die Persönlichkeitsanteile, die im Kampf mit dem Bösen unterlagen, sind noch da, bleiben aber unter der Oberfläche. Um sie zu leben, braucht es den Schutzraum der Nacht, wo ihnen keine Gefahr droht.

Tagsüber liegt also die falsche Königin im Bett – ohne daß der König etwas davon bemerkt –, nachts jedoch wird die richtige wieder lebendig. Sie kommt zu ihrem Kind, stillt und versorgt es und denkt auch an das Rehchen, das sie streichelt. Das geht eine ganze Zeitlang so – bis sie eines Nachts zu sprechen anfängt:

„Was macht mein Kind? Was macht mein Reh? Nun komm' ich noch zweimal und dann nimmermehr. –

Die Kinderfrau antwortete ihr nicht, aber als sie wieder verschwunden war, ging sie zum König und erzählte ihm alles. Sprach der König: ‚Ach Gott, was ist das! Ich will in der nächsten Nacht bei dem Kinde wachen.' Abends ging er in die Kinderstube, aber um Mitternacht erschien die Königin wieder und sprach: ‚Was macht mein Kind? Was macht mein Reh? Nun komm' ich noch einmal und dann nimmermehr.' –

Und pflegte dann des Kindes, wie sie gewöhnlich tat, ehe sie verschwand. Der König getraute sich nicht, sie anzureden, aber er wachte auch in der folgenden Nacht. Sie sprach abermals:

‚Was macht mein Kind? Was macht mein Reh? Nun komm' ich noch diesmal und dann nimmermehr.' –

Da konnte der König sich nicht zurückhalten, sprang zu ihr und sprach: ‚Du bist niemand anders als meine liebe Frau.' – Da antwortete sie: ‚Ja, ich bin deine liebe Frau', und hatte in dem Augenblick durch Gottes Gnade das Leben wieder erhalten, war frisch, rot und gesund."

Es ist, als sei diese nächtliche Begegnung eine Prüfung für die beiden Eheleute. Nur der König kann Schwesterchen erlösen. Aber dazu fehlt ihm zunächst der Mut; er getraut sich nicht, sie beim ersten Mal anzusprechen. Es stellt sich die Frage, weshalb ihm das eigentlich so schwer ist. Warum fällt es ihm nicht gleich schon in der ersten Nacht wie Schuppen von den Augen?

Nun, dafür gibt es drei gute Gründe: Erstens hat er ja gar nicht gemerkt, daß er es den ganzen Tag über nicht mit seiner „lieben“, sondern mit seiner „bösen“ Frau zu tun hatte. Dadurch hat er sich in gewissem Sinne schuldig gemacht; denn auf ihren seelischen Zustand aufmerksam zu werden und nicht die Augen vor möglichen Problemen zu verschließen, wäre der erste Schritt gewesen, um ihr zu helfen. Zum zweiten tut er sich dann drei Nächte lang schwer, die Doppelgängerinnen als eine Einheit zu erkennen – er traut seinen Augen nicht, *nachdem* er gesehen hat. Das zeugt von einer nicht gerade sehr starken Persönlichkeit des Königs. Zwar vermag er es schließlich doch, seine Frau zu erlösen, aber er zögert lange, auch aus dem dritten Grund, der sich aus der Art und Weise, wie diese Erlösung geschieht, erschließt: Er wird von einem Gefühl der Liebe überschwemmt. Indem er davon überwältigt wird und sich nicht mehr zurückhalten kann, erkennt er *seine wahre Frau*. So zu lieben, erfordert Mut. Daß der König nicht gerade zu den Mutigsten zählt (trotz seiner offensichtlichen Jagdleidenschaft), hat sich uns ja offenbart. Und deshalb muß er drei Nächte lang wachen, bevor er seine wirkliche Frau erkennt, richtiger: er seine Frau *wirklich* erkennt. Und dieses „Erkennen“ bedeutet mehr als ein oberflächliches „Wiedererkennen“; es rührt an die gleichen tiefen Wurzeln wie das Bibelwort über Adam und Eva, nachdem sie von dem „Baume der Erkenntnis“ gegessen hatten: „Und sie erkannten einander.“ Sich gegenseitig in all seinen Bedingungen zu erkennen, so, als ginge ein Licht auf, ist wohl die einzige menschenmögliche Form der Erlösung. Daß diese Erlösung nicht durch den Verstand geschieht, sondern mit dem Herzen, haben uns der König und die Königin in „Brüderchen und Schwesterchen“ gezeigt. Und sie findet ihren Ausdruck in der geschlechtlichen Vereinigung, die dadurch immer zu einer königlichen wird. Der König erkennt Schwesterchen als seine Frau, als die Mutter seines Kindes und als das liebenswerte Mädchen, das sie vorher war. Er bringt alle ihre Wesensanteile wieder zusammen, er hebt wieder ans Licht, was durch die Erschütterungen verlorengegangen war, die die Mutterschaft als sichtbarer Beweis weiblicher Sexualität für die junge Frau mit sich gebracht hatte. Sein Erkennen schließt den Bruch, der durch ihre Persönlichkeit gegangen war.

Brüderchen aber ist immer noch verhext. Seine Entzauberung erfolgt in dem Augenblick, als die böse Stiefmutter verbrannt und die häßliche Tochter von wilden Tieren zerrissen wird. Dies sind zwei Motive, die in „Brüderchen und Schwesterchen" schon mal aufgetaucht waren, allerdings unter umgekehrtem Vorzeichen: Brüderchen sollte doch nach dem Willen der Stiefmutter zu einem Tiger oder einem Wolf werden, wilde Tiere, die das Schwesterchen hätten zerfleischen können. Und was das Feuer betrifft, da war es ja die Absicht der beiden Hexen, das Schwesterchen darin zu ersticken. Daß sie jetzt zur Strafe für ihre Bosheit genau dieses Schicksal zu erleiden haben, ist ein märchentypisches Merkmal. Im übrigen wird so deutlich, wie die bösen, zerstörerischen und schädigenden Persönlichkeitsanteile in diese Figuren gebannt und mit ihnen beseitigt werden. So veranschaulicht sich hier ein weiteres Mal, daß die Grausamkeit in den Märchen immer eine bestimmte Funktion hat: den Sieg des Helden oder der Heldin absolut zu machen und alles zu einem guten Ende zu bringen.

„Schwesterchen und Brüderchen aber lebten glücklich zusammen bis an ihr Ende."

Über den König und das neugeborene Kind wird abschließend nichts mehr gesagt – das Märchen endet mit diesem Satz. Entscheidend ist nämlich, daß die Harmonie von Brüderchen und Schwesterchen wiederhergestellt ist: Gelingt es uns, die widerstrebenden Kräfte in unserem Innern fruchtbar aufeinander zu beziehen, Vernunft und Fürsorge, naturhafte Bedürfnisse und triebhafte Energie, ein Zusammenspiel von Bewußtem und Unbewußtem, dann ist das Leben mit anderen Menschen eine Aufgabe, die sich bewältigen läßt. Wer mit sich selber Frieden geschlossen hat, kann auch mit anderen in Frieden leben – das ist es, was uns dieses Märchen vor Augen stellt, damit wir dieses Ziel von klein auf nicht aus den Augen verlieren; denn es ist heute wichtiger denn je …

Ein paar abschließende Bemerkungen

„Märchen lösen Lebenskrisen“ ist dieses Büchlein genannt worden. Diese Behauptung ist nicht ganz zutreffend. Nachdem wir ein paar Märchen untersucht haben, können wir sie jetzt korrigieren: Die Märchen können die Lebenskrisen nicht lösen – das müssen wir schon selbst tun. Aber: Sie können uns dabei helfen, Probleme und Schwierigkeiten, Ängste und Krisen zu bewältigen, indem sie uns bildhaft und anschaulich die Ablösungs- und Selbstfindungsaufgaben ihrer Helden vor Augen führen. Das kann nicht heißen, daß diese Helden und Heldinnen konkrete Handlungsvorbilder sind, wir also nachmachen sollen, was sie uns „vormachen“. In der Identifikation mit den Märchenfiguren ist es uns aber möglich, gefühlsmäßig ihren Weg aus der Krise mitzugehen. Gerade das „Mit-Fühlen“ ist das Entscheidende: das Erleben der Gefühlswandlungen, die den Fortgang des Märchens begleiten, die Verzweiflung in der Krise und das Glück, sie überwunden zu haben, und die Intensität der hervorgerufenen Gefühle – all dies kann geradezu therapeutisch wirken. In unserer rationalistisch überfrachteten Kultur sind die Gelegenheiten rar, unserer bewußten und unbewußten Gefühlswelt „vernünftig“ – und das heißt hier: ohne anderen Schaden zuzufügen! – Ausdruck und Gestalt zu verleihen.

Gerade für die Kinder bedeutet unsere funktionalistische und leistungsorientierte Lebensweise oft eine grundlegende Überforderung – und Modelle, an denen sich ihr Gefühlsleben sinnhaft ausrichten könnte, gibt es immer weniger. Das alte Volksmärchen dagegen konfrontiert das Kind einerseits mit grundlegenden menschlichen Nöten, bietet ihm aber andererseits auch Wege, damit umzugehen, worauf schon Bruno Bettelheim hinwies.[1]

Das Thema der Märchen, nämlich die Auseinandersetzung mit menschlichen Grundkonflikten, mit Ablösung und Neubeginn und ihren Gefahren, läßt sich auch strukturell in ihrem Aufbau nachvollziehen. Sie weisen eine Struktur auf, die über die Entstehung einer Krise und den nachfolgenden Gefährdungen immer auch zur Lösung dieser krisenhaften Situation führt. Diese formale Gleichheit aller Zaubermärchen ist beachtenswert: Sie beginnen typischerweise mit einer mehr oder weniger krisenhaft erlebten Ablöse-Phase, in der der Held oder die Heldin entweder freiwillig zum Abenteuer aufbricht (wie der Dummling in der „Bienenkönigin" etwa) bzw. sich erstmals selbständig auf den Weg macht (wie „Rotkäppchen"), sich von etwas Geliebtem lösen muß (Verlust der Kugel im „Froschkönig" oder der Tod der Mutter im „Aschenputtel"), degradiert und herabgesetzt („Brüderchen und Schwesterchen") oder gar aus-gesetzt, vertrieben wird („Hänsel und Gretel"). Immer also steht eine gravierende Veränderung der bisherigen Lebenssituation am Anfang: Held oder Heldin sind nun auf sich allein gestellt. Es müssen bestimmte Aufgaben gelöst werden – das vorläufige Scheitern in der einen oder anderen Form ist unvermeidlich, bevor es zu einem Neuansatz oder zu einer „letzten Aktion" kommt (oft nicht einmal durch die Helden selber), die dann zum Happy-End führt.

Die Struktur dieser Märchen kommt dabei der Phantasiearbeit des Kindes, die es im Miterleben und inneren Nachvollzug der Entwicklungsschritte von Held oder Heldin leistet, sehr entgegen: Da sind typische Erscheinungen wie Formelhaftigkeit (zum Beispiel magische Zahlen wie „drei", „sieben" oder „zwölf"), Typisierung der Figu-

---

[1] Zum Beispiel Bettelheim, a.a.O., S. 13.

ren (wer schön ist, ist auch gut), damit zusammenhängend die Eindeutigkeit von Gut und Böse (was dem kindlichen Orientierungsbedürfnis sehr entgegenkommt) und der glückliche Ausgang, der das Kind in seinem Lebensmut stärkt.

In einigen Kunstmärchen, also von einem Dichter verfaßten Märchen, ist die Übernahme dieser formalen Prinzipien gelungen. Sie stellen somit literarische Produkte dar, die denen der Folklore, also den von vielen Menschen getragenen Geschichten, in nichts nachstehen, auch nicht in der den Volksmärchen zugesprochenen Kompensationsfunktion. Dies ist aber eher die Ausnahme. Meistens fehlt es ihnen ebensosehr an „Tiefgang" wie vielen anderen „phantastischen Geschichten", denen hier nicht ihre Existenzberechtigung abgesprochen werden soll, die aber auch nicht die überlieferten Volksmärchen ersetzen können.

Die Überlieferung von Folklore, wozu eben auch Märchen zählen, birgt nun ihre spezifischen Probleme: Sie lebt nur so lange „im Volk", solange sie auch von dieser sozialen Gemeinschaft getragen wird; als Ausdruck einer sozialen Gemeinschaft, als lebendiges Stück Kultur also, muß sie aber prinzipiell offen, und das heißt: veränderlich, sein.

Dieser Notwendigkeit, für verschiedene geschichtliche Situationen zu „passen", steht aber die schriftliche Festlegung, wie sie in den verschiedenen Märchensammlungen gegenübertritt, entgegen. Der beste Ausweg aus diesem Dilemma ist, auf die alte Gepflogenheit des freien Erzählens zurückzugreifen. Schließlich weiß zum Beispiel jeder, der schon mal mit Kindern und Märchen zu tun hatte, daß er einem Kleinkind ein Märchen anders darbietet als einem größeren Kind. Das muß auch so sein, weil die Märchen als „lebendige Zeugnisse menschlicher Erfahrungen" auch lebendig vermittelt werden wollen. Wer diese Absicht verfolgt, kann (fast) nichts mehr falsch machen.